HEYNE
JAHRGANGSBÜCHER

In der Reihe ***Heyne Jahrgangsbücher***
sind bereits erschienen:

das war 1922
das war 1931
das war 1933
das war 1939
das war 1942
das war 1945
das war 1948
das war 1951

DIETER STRUSS

das war 1918

FAKTEN · DATEN · ZAHLEN · SCHICKSALE

Originalausgabe

WILHELM HEYNE VERLAG
MÜNCHEN

Bildnachweis
Alle Fotos, Plakate und Bekanntmachungen stellte freundlicherweise der Süddeutsche Verlag, Bilderdienst, München zur Verfügung.
Die Anzeigen und Zeitungsausschnitte wurden der Tagespresse entnommen, die Karikaturen dem *Simplicissimus*.
Die Erlaubnis für den Abdruck der Karikaturen erteilten freundlicherweise: Herr Fritz Arnold für Karl Arnold; Frau Dagny Gulbransson für Olaf Gulbransson; die VG Bild/Kunst für Th. Th. Heine; Herr Dr. Justin v. Kessel für E. Thöny.
Es konnten leider nicht alle Rechteinhaber ermittelt werden.

Idee: Will Berthold

Produktion: Dr. Dieter Struss GmbH, Grafing bei München
Umschlaggestaltung: Atelier Heinrichs & Schütz, München
Layout: Helmut Burgstaller, München
Printed in Germany 1982
Satz: IBV Lichtsatz KG, Berlin
Druck und Bindung: Presse-Druck, Augsburg
ISBN 3-453-01509-6

Inhaltsverzeichnis

Kalendarium 1918

Der Ostersonntag fällt auf den 31. März,
der Pfingstsonntag auf den 19. Mai

	Januar	Mai	September
S	6 13 20 27	5 12 19 26	1 8 15 22 29
M	7 14 21 28	6 13 20 27	2 9 16 23 30
D	1 8 15 22 29	7 14 21 28	3 10 17 24
M	2 9 16 23 30	1 8 15 22 29	4 11 18 25
D	3 10 17 24 31	2 9 16 23 30	5 12 19 26
F	4 11 18 25	3 10 17 24 31	6 13 20 27
S	5 12 19 26	4 11 18 25	7 14 21 28

	Februar	Juni	Oktober
S	3 10 17 24	2 9 16 23 30	6 13 20 27
M	4 11 18 25	3 10 17 24	7 14 21 28
D	5 12 19 26	4 11 18 25	1 8 15 22 29
M	6 13 20 27	5 12 19 26	2 9 16 23 30
D	7 14 21 28	6 13 20 27	3 10 17 24 31
F	1 8 15 22	7 14 21 28	4 11 18 25
S	2 9 16 23	1 8 15 22 29	5 12 19 26

	März	Juli	November
S	3 10 17 24 31	7 14 21 28	3 10 17 24
M	4 11 18 25	1 8 15 22 29	4 11 18 25
D	5 12 19 26	2 9 16 23 30	5 12 19 26
M	6 13 20 27	3 10 17 24 31	6 13 20 27
D	7 14 21 28	4 11 18 25	7 14 21 28
F	1 8 15 22 29	5 12 19 26	1 8 15 22 29
S	2 9 16 23 30	6 13 20 27	2 9 16 23 30

	April	August	Dezember
S	7 14 21 28	4 11 18 25	1 8 15 22 29
M	1 8 15 22 29	5 12 19 26	2 9 16 23 30
D	2 9 16 23 30	6 13 20 27	3 10 17 24 31
M	3 10 17 24	7 14 21 28	4 11 18 25
D	4 11 18 25	1 8 15 22 29	5 12 19 26
F	5 12 19 26	2 9 16 23 30	6 13 20 27
S	6 13 20 27	3 10 17 24 31	7 14 21 28

Einleitung

Das Jahr 1918 beginnt mit einigen riesigen Operationen, im Westen wie im Osten Deutschlands, die manchen darüber täuschen, daß das Ende des Krieges und das Ende der Monarchie nahe sind. Nachdem im Westen die Fronten sich seit 1914 nicht mehr wesentlich verschoben haben und der *Stellungskrieg* immer noch die Schlachtfelder fixiert, versuchen die deutschen Truppen in einigen gigantischen Offensiven doch noch den Krieg siegreich zu beenden. Sie sind zum erstenmal seit vielen Jahren genauso stark wie ihre Gegner.

Wenn ihr Opfermut trotzdem nicht belohnt wird, so liegt das zum einen an dem mangelnden Nachschub mit frischen Truppen und Material. Deutschland hat nicht genügend Menschen und keine ausreichende Rohstoffbasis für diesen Weltkrieg. Zum andern liegt es – im Umkehrschluß – daran, daß der Gegner eben über beides verfügt. Letztlich wird der Krieg in diesem Jahr dadurch entschieden, daß die USA – erst 1917 in den Krieg eingetreten – ihre frischen Truppen in die Schlacht werfen und daß die westlichen Alliierten über genügend Ersatzmaterial verfügen.

Zu den Mitteln, die, insbesondere von den Briten, in den Kampf eingeführt werden, gehört in erster Linie das, was wir heute *Panzer* nennen und was damals *Tank* heißt. Dem hat das Reich nichts weiter entgegenzusetzen, es hinkt in der Entwicklung moderner Waffen hoffnungslos hinterher.

Nicht besser sieht es bei der ebenfalls vollkommen neuen Luftwaffe aus. Bei Kriegsbeginn hat das Reich auf den Zeppelin gesetzt, die damals in der Luft führenden Franzosen auf das Flugzeug. Noch 1918 greifen deutsche Zeppeline mit hohen Verlusten und minimalem Erfolg London an, während die Alliierten bereits regelmäßig das Rheinland bombardieren, da eine

dem Flugzeug entsprechende Luftabwehr noch nicht in nennenswertem Umfang existiert. Doch ist die Luftherrschaft in diesem Krieg noch nicht von entscheidender Bedeutung.
Wer heute nachliest, was 1918 über diesen Krieg veröffentlicht wird, stellt fest, daß viele Illusionen durch Heldentaten wachgerufen werden, die, für sich genommen, großartig, für das Kriegsgeschehen insgesamt jedoch ohne jede wirkliche Bedeutung sind. Erinnert sei hier nur an die deutschen Jagdflieger wie Richthofen, Udet, Bölcke, Göring, Fieseler usw. oder an Lettow-Vorbeck, der mit seinen paar Askaris in Ostafrika immer noch kämpft und eine große Armee bindet.
Erinnert sei auch an die deutschen Kaperschiffe, die immer noch erfolgreich unterwegs sind: In diesem Jahr kehrt der Hilfskreuzer *Wolf* zurück, seine Mannschaft zieht durch das Brandenburger Tor ein. Von kriegsentscheidender Bedeutung könnten die U-Boote sein, wenn es sie in entsprechender Anzahl gäbe.
Wer sich mit Leuten unterhält, die beide Weltkriege miterlebt haben, wird immer wieder feststellen, daß – zumindest in der Rückschau – der Erste Weltkrieg schlechter wegkommt. Dafür sind verschiedene Gründe maßgebend. Zum ersten frißt sich die Front im Westen nach wenigen Wochen fest ein, und der jahrelange, fast bewegungslose mörderische Stellungskrieg ist offensichtlich zermürbender als der rasche Bewegungskrieg.
Fernerhin wird im Ersten Weltkrieg ein Mittel eingesetzt, das im Zweiten glücklicherweise unter Verschluß bleibt: Giftgas.
Drittens ist niemand auf den Ersten Weltkrieg vorbereitet. Die Mängel erreichen viel schneller einen gravierenden Umfang, die Hungerblockade der Alliierten ist außerordentlich wirksam, sehr früh ist der Hunger allgemein. (Daß damit keine Aufrechnung der beiden Kriege gegeneinander versucht sein will, versteht sich von selbst.)
Während das deutsche Heer im Westen den letzten Versuch unternimmt, das Schicksal zu wenden, spielt sich im Osten eine Tragödie größten Ausmaßes ab. Obwohl das Zarenreich 1917 zusammengebrochen ist und die Bolschewiki nun gezwungen

werden, den Frieden von Brest-Litowsk abzuschließen, kehrt keine Ruhe ein. Zwar fördert das Reich die Entstehung einer Fülle neuer Staaten, von Finnland bis zur Ukraine, aber diese Staaten sind allesamt schutzbedürftig: Sie ziehen u. U. dem Reich mehr Kraft ab, als sie ihm nützen. Immerhin verdienen es diese Aktionen, die deutschen Fürsten einige Kronen, Herzoghüte usw. eingebracht hätten, hier festgehalten zu werden, denn es entstehen dadurch einige Staaten neu (Finnland, Estland, Lettland, Litauen, Polen, Tschechoslowakei, Ungarn, Jugoslawien), die lange Zeit hindurch, zum Teil bis heute, zwischen den (wechselnden) Mächten umstritten sein werden.
Die größte Tragödie ist jedoch mit der Auflösung zweier jahrhundertealter Weltmächte verbunden, mit der Auflösung Österreich-Ungarns und mit der des Osmanischen Reiches. Tritt anstelle des zaristischen Rußlands die Sowjetunion, so tritt hier, an die Stelle dieser beiden etwa gleich alten Kontrahenten, eine große Fülle neuer Staaten, die zum Teil bis heute nicht ihre endgültige äußere Gestalt und ihre Identität gefunden haben.

Während die Westfront, die allgemein für die wichtigste gehalten wird, in Bewegung kommt, bahnt sich in der Heimat der Umschwung an. Im Januar brechen in Berlin und Wien große Streiks in der Rüstungsindustrie aus, die sich schnell ausbreiten und nur mit rigorosen Mitteln eingedämmt werden können. Der Reichstag weigert sich im Frühjahr trotzdem immer noch, einer Wahlreform zuzustimmen, die für alle annähernd gleiches Recht schafft, ja, der Reichskanzler Hertling tritt im September gar mit der Begründung zurück, daß er eine echte Reform nicht gutheißen könne.
Die Entscheidung darüber jedoch, was mit diesem Krieg geschehen soll, trifft letzten Endes allein die militärische Führung aus militärischen Erwägungen (und nicht wegen der Unruhe in der Heimat). Man muß es so plastisch wie möglich ausdrücken, was passiert: Ludendorff, der Generalquartiermeister, die berühmte graue Eminenz hinter dem Generalfeldmarschall v. Hindenburg, wirft den Bettel hin.

Nicht nur das: Er setzt der politischen Führung die Pistole auf die Brust und verlangt einen Waffenstillstand in kürzester Frist: eine Forderung, für die – nach Ansicht mancher Historiker – in dieser Rigorosität kein Anlaß besteht: Die Westfront könnte noch einige Zeit gehalten werden.
So verdient festgehalten zu werden, daß die *Dolchstoßlegende,* die besagt, daß die Heimat der Front in den Rücken gefallen sei, und die – grotesk genug – ausgerechnet Ludendorff selbst später verbreitet, nicht den Tatsachen entspricht. In Wirklichkeit ist Ludendorff endlich zu der Erkenntnis gekommen, daß die militärische Lage *auf Dauer* unhaltbar ist (Mangel an Menschen und Rohstoffen).
Der Frieden, der nun von den Politikern im Eiltempo herbeigeführt werden soll, beruht auf 14 Punkten des amerikanischen Präsidenten Wilson, das Ergebnis hat jedoch nicht mehr viel damit zu tun. Unter dem Zeitdruck der militärischen Führung werden die deutschen Unterhändler buchstäblich erpreßt, einem Waffenstillstand zuzustimmen, der einer Bestrafung gleichkommt – gerade das hat Wilson nicht im Sinn geführt.
Inzwischen ist allerdings der Abschluß des Waffenstillstandes dringlicher geworden, weil nun tatsächlich in der Heimat eine Revolution ausgebrochen ist, die von der berühmten Meuterei der Matrosen in Kiel ausgeht.
Alle Faktoren zusammen bewirken, daß der Umsturz – dem ersten Anschein nach – wesentlich gründlicher ausfällt als geplant. Der amerikanische Präsident gibt sich nämlich nicht mit einer konstitutionellen Monarchie nach britischem Muster zufrieden: Wilhelm II., Kaiser von Deutschland und König von Preußen, wird schließlich zur Abdankung gezwungen.
Durch den Verzicht des Reichskanzlers Prinz Max von Baden auf die Reichsverweserschaft und durch die (wenn auch etwas formlose) Übergabe der Reichskanzlerschaft an Friedrich Ebert sieht sich nun plötzlich die SPD, von Bismarck noch unterdrückt und verfolgt, in der Führungsrolle. Ihre Vertreter begründen nicht nur die Republik, sie müssen nun auch mit den Folgen der Revolution fertig werden.

Die Situation, vor der Ebert steht, muß man sich genau vorstellen, wenn man seine Handlungsweise gerecht beurteilen will: Von allen Fronten fluten Millionen Soldaten zurück, die alle eine Heimat, Arbeit und Brot finden wollen; ihnen folgen im Westen fremde Truppen, die in das Reich bis zum Rhein, zum Teil darüber hinaus, einrücken; alle leiden unter großem Hunger (die Hungerblockade bleibt über den Waffenstillstand hinaus bestehen); dazu kommen die Kälte, die Armut und die Wohnungsnot; die Bolschewiki, die sich in Rußland langsam durchsetzen, liefern das Vorbild für eine echte Revolution; der Kaiser hat abgedankt.
Die SPD, ohnedies wohl seit jeher eine evolutionäre und keine revolutionäre Partei, versucht unter diesen Umständen eine Zentralgewalt im Reich aufrechtzuerhalten und für eine neue Ordnung zu sorgen, die die alten Mächte nicht automatisch vollkommen ausschließt, und sie bedient sich dabei schon jetzt gegen die Aufständischen von links außen und gegen die Anarchisten der alten Mächte.
Daß dieser Versuch zu keinem dauerhaften Ergebnis geführt hat, das wissen wir heute als die Nachgeborenen. Daß es so gekommen ist, liegt allerdings sicher nicht allein an dieser ersten Weichenstellung, sondern u. a. auch daran, was die Sieger in naher Zukunft in Form des Friedens von Versailles (der durchaus zu Recht *Versailler Diktat* genannt worden ist) Deutschland bringen werden.
Ob eine wirkliche Revolution der republikanischen oder der extrem linken Kräfte ein besseres Ergebnis gezeitigt hätte, ist eine müßige Spekulation und hängt überdies davon ab, was man für *besser* oder *schlechter* ansieht. Für 1918 bleibt festzuhalten: Der Krieg ist verloren, Deutschland ist eine Republik.

Dank gebührt wie immer besonders Herrn Dr. Heinz Starkulla sr. und dem Institut für Kommunikationswissenschaft (Zeitungswissenschaft) der Universität München für ihre freundliche Unterstützung.

Eine Prophezeiung

F. Engels schreibt in dem Vorwort für das Werk *Zur Erinnerung für die deutschen Mordpatrioten 1806/07* von Sigismund Borgheim:

Ein Weltkrieg

»Und endlich ist kein anderer Krieg für Preußen-Deutschland mehr möglich als ein Weltkrieg, und zwar ein Weltkrieg von einer bisher nur geahnten Ausdehnung und Heftigkeit. 8 bis 10 Mill. Soldaten werden sich untereinander abwürgen und dabei ganz Europa so kahl fressen wie noch nie ein Heuschreckenschwarm. Die Verwüstungen des 30jährigen Krieges zusammengedrängt in 3 bis 4 Jahren und über den ganzen Kontinent verbreitet; Hungersnot, Seuchen, allgemeine große akute Not, hervorgerufen durch Verwilderungen der Heere wie der Volksmassen, rettungslose Verwirrung unseres künstlichen Getriebs in Handel, Industrie und Kredit; endend in allgemeinem Bankrott; Zusammenbruch der alten Staaten und ihrer traditionellen Staatsweisheit, derart, daß die Kronen zu Dutzenden über das Straßenpflaster rollen und niemand sich findet, der sie aufhebt. Absolute Unmöglichkeit, vorauszusehen, wie das alles enden und wer als Sieger aus den Kämpfen hervorgehen wird, da nur eine Tatsache absolut sicher: die allgemeine Erschöpfung und die Herstellung der Bedingungen des schließlichen Sieges der Arbeiterklasse – das ist die Aussicht, wenn das auf die Spitze getriebene System der gegenseitigen Überbietung in Kriegsrüstungen endlich seine unvermeidlichen Früchte trägt.

Das Ende des alten Europas

Das ist es, meine Herren Fürsten und Staatsmänner, wohin Sie in Ihrer Weisheit das alte Europa gebracht haben, und wenn Ihnen nichts anderes mehr übrig bleibt, als den letzten großen Kriegstanz zu beginnen – uns kann es recht sein. Der Krieg mag uns vielleicht momentan in den Hintergrund drängen, mag uns manche schon eroberte Position entreißen. Aber wenn Sie die Mächte entfesselt haben, die Sie dann nicht wieder werden bändigen können, so mag es gehen, wie es wolle: Am Schluß der Tragödie sind Sie ruiniert und ist der Sieg des Proletariats entweder schon erreicht oder doch unvermeidlich.
London, den 16. Dezember 1887. Friedrich Engels.«

Diese Prophezeiung wird gegen Ende des Krieges auch von bürgerlichen Zeitungen nachgedruckt.

Der Urlauber aus dem Felde,

der sich vergeblich bemüht, seinen aufhorchenden Angehörigen das eigenartige Leben an der Front zu erklären, wird überrascht sein von der Wirkung, die er mit dem oben abgebildeten Apparat erzielt. Eindrücke, die sich durch stundenlange Erzählungen nicht wiedergeben lassen, vermittelt dieser Apparat im Augenblick. Aus allen Teilen Deutschlands laufen täglich begeisterte Briefe ein, in denen uns Angehörige von Feldzugsteilnehmern Dank und Anerkennung aussprechen. So schreibt Herr Professor L.: „Ihre Feldstereos habe ich mit meiner Familie wiederholt eingehend betrachtet. Wir haben ein besonderes Interesse bei dieser angenehmen Beschäftigung bewiesen, weil einer meiner Söhne monatelang an den Kämpfen an der Somme beteiligt war. Die Stereos zeigen das Leben im Felde mit einer Natürlichkeit, wie es kein Bild sonst fertigbringt. Wir sind gespannt auf Ihre weiteren Serien.“ **Apparate mit 50 Bildern, geschmackvoll verpackt, bequem in der Tasche zu tragen, komplett Mk. 7,50 einschließlich Porto.** Versand gegen Voreinsendung oder Nachnahme. Ins Feld nur gegen Voreinsendung. Schreiben Sie sofort an den Feldstereo-Verlag, Frankfurt a. M., und verlangen Sie ausführl. illustr. Prospekt.

Entscheidung an der Westfront

das sollten Sie unbedingt wissen

18. März: Der Hilfskreuzer *Wolf* kehrt nach langer, erfolgreicher Feindfahrt zurück. Sein triumphaler Empfang läßt die Untätigkeit der deutschen Hochseeflotte vergessen.

21. März: Die erste deutsche Frühjahrsoffensive hebt an, erreicht jedoch ihr Ziel, Amiens, nicht.

23. März: Ein deutsches Ferngeschütz eröffnet die Beschießung von Paris über 120 km hinweg.

3. April: Die Alliierten einigen sich auf einen gemeinsamen Oberbefehlshaber, den französischen Marschall Foch.

9. April: Die 2. deutsche Frühjahrsoffensive beginnt, sie erreicht jedoch ihr Ziel, die flandrischen Höhen von Cassel, nicht.

27. Mai: Die 3. deutsche Offensive beginnt mit dem Ziel Compiègne. Obwohl die deutschen Truppen in der 2. Marne-Schlacht, die am 30. Juni beginnt, siegreich sind, wird das Ziel nicht erreicht.

15. Juli: Die 4. deutsche Offensive ist gegen Reims gerichtet, erreicht ihr Ziel jedoch nicht, da der Gegner den Angriffsplan kennt.

18. Juli: Die Alliierten treten zum Gegenangriff an.

5. August: Zum letztenmal fliegen deutsche Zeppeline einen Nachtangriff gegen London.

8. August: In einer Tankschlacht an der Somme werden die deutschen Soldaten vernichtend geschlagen (Ludendorff: »schwarzer Tag des deutschen Heeres«). Von diesem Tag an werden die deutschen Armeen langsam immer weiter zurückgenommen.

26. September: Die Alliierten beginnen erneut eine große Offensive, die Oberste Heeresleitung (Hindenburg und Ludendorff) gibt auf.

20. Oktober: Deutschland gibt der amerikanischen Forderung nach und stellt den U-Boot-Krieg ein, um den Weg zu einem Waffenstillstand freizumachen.

11. November: Zum Zeitpunkt des Waffenstillstandes stehen die deutschen Armeen noch tief in Feindesland.

14. November: Als letzter ergibt sich in Ostafrika die deutsche Schutztruppe unter Lettow-Vorbeck.

Die großen Offensiven im Westen

Die erste deutsche Frühjahrsoffensive

Anfang März: Im Westen befinden sich jetzt 193 deutsche Divisionen, davon 111 an der Front, 77 in der Reserve und 5 im Anmarsch. Bis zum April sind 47 Divisionen aus dem Osten und Süden abgezogen. Mit diesen 3,7 Mill. Soldaten steht zum erstenmal seit der Marne-Schlacht 1914 den Alliierten ein zahlenmäßig gleich starkes deutsches Heer gegenüber.

21. März: Die deutschen Armeen im Westen unter Führung der Generäle Otto v. Below und Georg v. d. Marwitz eröffnen auf der 80 km breiten Front Cambrai-St. Quentin-La Fère die Frühjahrsoffensive.

Augenzeugen berichten

Winston Churchill schildert den Beginn der Offensive:

»Ich wachte in vollständiger Stille einige Minuten nach 4 Uhr auf und blieb sinnend liegen... Und dann erhob sich, genauso als ob ein Pianist seine Hände über die Tasten von den höchsten Tönen bis zum Baß laufen läßt, in weniger als einer Minute die fürchterlichste Kanonade, die ich je hören werde.«

Ludendorff zu dem gleichen Ereignis:

»Um 4 Uhr früh begann mit einem gewaltigen Feuerschlage die Schlacht. Von weiter Ferne, im Norden sowohl als auch im Süden, hörte man das heftige Donnern und die Erschütterungen der Geschütze, während die Flammengarben der Beschießung durch die Ritzen des sorgfältig mit Papier ausgelegten Fensters meinen winzigen Unterstand wie ein flakkerndes Feuer erhellten.«

»Die Hunnen beschießen Paris!«

23. März: Ein von Krupp entwickeltes Geschütz eröffnet über eine Entfernung von etwa 120 km hinweg die Beschießung von Paris: in 15 Minuten 1 Schuß.

Der Einsatz des deutschen Ferngeschützes, das Paris über 100 km hinweg beschießt, löst eine Fülle von Spekulationen über die Konstruktion aus. Die Franzosen glauben an ein

Im Großen Hauptquartier in Spa von links nach rechts: der Chef des Generalstabes Generalfeldmarschall Paul v. Hindenburg, Kaiser Wilhelm II., der 1. Generalquartiermeister General der Infanterie Erich Ludendorff.

Geschütz ohne Rücklauf, das von einem Zeppelin in den Wolken auf Paris feuert oder auf dem Plateau von St. Gobain steht, 700 m lang ist und nur alle 20 Minuten einen Schuß abgeben kann. Die Amerikaner reden von einem Lufttorpedo. Der französische Ministerpräsident glaubt, das Geschoß sei eine Granate, die in einer Stahlhülle ohne Kupferring befördert

werde. Seine Fachleute hingegen meinen, aus dem Geschoß löse sich nach 36 km ein 2. Geschoß oder die Granate bewege sich möglicherweise aufgrund der ihr immanenten Zentrifugalkraft.
Ein deutscher Artilleriefachmann gibt derzeit nur die Auskunft, daß das Geschützrohr 20 m lang sei und das Geschoß 250 kg wiege. Die gewaltige Entfernung und die gewaltige Wirkung werden erreicht durch einen äußerst geringen Luftwiderstand und durch eine neuartige Berechnung der Flugbahn.

Volksmund

»Mensch, das ist doch 'ne Sache: 120 km weit zu schießen!«
»Das ist noch gar nichts, wart nur den nächsten Krieg ab, da ziehn wir überhaupt nich mehr ins Feld, da schießen wir gleich vom Kasernenhof.«

Die Offensive bleibt liegen

Die deutschen Armeen erobern Bapaume und Péronne zurück, später auch Roye und Noyon, am 26. März erobern sie Albert, einen Tag darauf Montdidier. Die Zahl der Gefangenen steigt auf 120000, die der Geschütze auf 600. Das eigentliche Ziel der Offensive, die Stadt Amiens, wird jedoch nicht eingenommen.
Erst von Amiens aus wäre es möglich gewesen, die britische Armee von der französischen zu trennen und gegen das Meer zu drükken.

Der alliierte Oberbefehlshaber

3. April: Angesichts der außerordentlich knappen Entscheidung werden jetzt endlich die Verbände der Alliierten unter einen ein-

Der oberste Feldherr der westlichen Alliierten, der französische Marschall Ferdinand Foch, der im Frühjahr angesichts der deutschen Erfolge den Oberbefehl erhält.

heitlichen Oberbefehl gestellt: Franzosen, Engländer, Amerikaner und Portugiesen kämpfen nun unter dem französischen Marschall Ferdinand Foch.
16. April: Auch der amerikanische Präsident Woodrow Wilson erklärt sich mit dem französischen Oberbefehl einverstanden.

Die 2. deutsche Offensive

9. April: Im Westen eröffnen die 4. und 6. deutsche Armee unter den Generälen Sixt v. Arnim und Quast die 2. Frühjahrsoffensive nördlich der 1., nämlich zwischen Lille und Ypern.

11. April: Armentières, Paschendaele und Wytschaete werden zurückerobert.
25. April: Der Aussichtsberg von Flandern, der 156 m hohe Kemmelberg, wird erobert, anschließend Bailleul, Estain und Merville. Aber auch hier wird das Ziel der Offensive, die Höhen von Cassel, nicht erreicht.

Flandrische Zustände

»Mensch, woher haste denn so krumme Beene, dir habn se woll uffn Kopp jehaun?«
»Nee, du Dussel, von die ville Feichtigkeit in Flandern habn sich de Beene jeschmissn.«

Optimismus

19. Mai: Ludendorff an General Groener: »Unsere Lage an der Westfront ist gut. Viel steht noch vor uns. Die Menschensorge ist bei der Entente nicht geringer als bei uns.«

Die 3. deutsche Offensive

27. Mai: Die Heeresgruppe des Kronprinzen startet die 3. Offensive, diesmal zwischen Noyon und Reims. Erstes Ziel ist der heißumkämpfte Chemin des Dames (Damenweg) bei Craonne, den General v. Böhm erobert.
29. Mai: Es gelingt, einen Eckpfeiler aus der feindlichen Stellung herauszubrechen: Soissons wird erobert.
30. Mai: Deutsche Truppen erreichen bei Fère-en-Tardenois die Marne und durchschneiden die strategisch wichtige Eisenbahnstrecke von Paris nach dem Osten Frankreichs.

Die 2. Marne-Schlacht

Winston Churchill beschreibt als Augenzeuge die 2. Marne-Schlacht:
»Unten, jenseits der deutschen Brustwehren, schießt ein Katarakt von Feuer und Stahl auf.

Vorwärts mit den unbezwingbaren Kämpen des Vaterlandes! Die Marne muß überschritten werden! 1000 Geschütze und MGs peitschen ihre Wasser. Jetzt gehen die Sturmtruppen vor, kriegsgewohnt und kriegsgestählt, und wieder einmal ist *Nach Paris!* auf ihren Lippen. Sie bringen leichtgebaute Pontons und Flöße inmitten der heulenden, pfeifenden, donnernden Hölle aufs Wasser, überqueren den Fluß, erklimmen das jenseitige Ufer und ringen mit den Franzosen; ringen auch mit den Amerikanern, die zahlreich, frisch und kalten Blutes. Sie werfen diese unter schweren Verlusten zurück und richten ihre Stellungen ein. Sie schlagen ihre Brükken, schleppen Geschütze und Geschosse herüber, und bei Einbruch der Nacht haben sich 50000 Deutsche in einer 4 Meilen langen Front am anderen Ufer der Marne auf dem blutigen Schlachtfeld eingegraben. Hier machen sie halt, um Atem zu schöpfen, nachdem sie vollbracht, was nur je Soldaten geleistet haben.«

Die Bedrohung von Paris

Tatsächlich bleibt auch diese deutsche Offensive vorzeitig stecken: Sie erreicht ihr Ziel, Compiègne, nicht. Erst von dort aus wäre es möglich gewesen, Paris ständig zu bedrohen und den Druck des Gegners auf die Front in Flandern zu mindern.
In diesem Jahr steht Paris zweimal unmittelbar vor der Katastrophe, während der deutschen Offensive gegen Amiens und an der Marne. 1914 stand Paris schon einmal, während der Marne-Schlacht, unmittelbar vor der Einnahme durch die Deutschen.

Dazu Clémenceau

4. Juni: Der französische Ministerpräsident Clémenceau erklärt angesichts der deutschen Erfolge vor der französischen Kammer:
»Der deutsche Angriff wird scheitern; aber unsere Front kann an Paris herangedrückt werden. Ich schlage mich um Paris, ich schlage mich in Paris, ich schlage mich hinter Paris.«

Die Amerikaner retten die Situation

General Pierrefeu beschreibt, wie die ersten amerikanischen Einheiten anrücken:
»Den Eindruck, den diese anscheinend unerschöpfliche Flut blühender, kraft- und gesundheitsstrotzender Jugend auf die schwergeprüften Franzosen machte, war überwältigend... So wie sie in ihren Lastwagen die Straße entlangratterten, die Lieder einer neuen Welt mit erhobener Stimme singend, vor Begierde brennend, das blutige Schlachtfeld zu erreichen, schienen sie... wie der Pulsschlag eines neuen Lebens. Jedermann fühlte, daß er bei der magischen Tat einer Bluttransfusion zugegen war.«

Die 4. deutsche Offensive

15. Juli: Die 4. deutsche Offensive wird auf Reims angesetzt. Durch die Eroberung von Reims soll der Gegner gezwungen werden, seine Front in Flandern zu schwächen, wo alsdann die Casseler Höhen gestürmt werden sollen. Die deutschen Truppen rücken planmäßig vor, ohne auf entschiedenen Widerstand zu stoßen, bis sich herausstellt, daß die Franzosen den deutschen Plan kennen und eine Falle aufgebaut haben.
16. Juli: Die deutsche Leitung bemerkt die Falle und bricht die Offensive ab.

Die alliierte Gegenoffensive

18. Juli: Marschall Foch erkennt die Chance und läßt nachsetzen. In seinem Buch *Über die Kriegführung* hatte er geschrieben:
»Der beste Angriff ist der Gegenangriff, weil er auf einen erschöpften Gegner trifft.«
20. Juli: Die deutschen Truppen geben ihre Stellungen an der Marne wieder auf.
27. Juli: Die deutsche Front wird *planmäßig* zurückgenommen, weil sie dem gegnerischen Druck nicht mehr standhält.

Psychologische Kriegführung

7. August: Die britische *Times* schreibt zum Thema psychologische Kriegführung:
»Die Moral der Deutschen muß erschüttert werden; sie müssen den Glauben an sich selbst und an ihre Führer verlieren! Sobald über die Möglichkeit einer erfolgreichen Abwehr nicht mehr eine Meinung besteht wie bisher, sondern zwei, wird der Zusammenbruch der Deutschen beginnen, und dann werden wir so schnell 50 Meilen vorankommen wie heute 5.«

Die entscheidende Tankschlacht

8. August: Nun treten auch im Norden der Westfront, an der Somme, englische und französische Soldaten zum Gegenstoß an. Sie setzen dabei 300 bis 400 neue, schnelle Tanks in Kolonnen ein, denen die deutschen Truppen nichts entgegenzusetzen haben, so daß die Front durchbrochen wird. Bei dieser Gelegenheit laufen zum ersten Mal deutsche Soldaten in größerer Zahl zum Gegner über, meistens ganz junge Soldaten, die erst kürzlich an die Front gekommen sind.
8. August: der »schwarze Tag« (Ludendorff) des deutschen Heeres.

Der Rückzug

9. August: Montdidier geht wieder verloren, kurz darauf Péronne.

22. August: Auch Bapaume geht verloren.

28. August: Der alliierte Oberbefehlshaber Marschall Foch zu seinem Adjutanten über Ludendorff und dessen Heer:

»Dieser Mann könnte immer noch entkommen, wenn er sich dazu entschlösse, sein Gepäck zurückzulassen.«

Bei ihrer Gegenoffensive brechen die westlichen Alliierten mit Hilfe der neuen Tankwaffe durch die deutschen Stellungen. Britische Infanterie geht im Schutz von Tanks vor.

31. August: Auch der Kemmelberg geht wieder verloren.
3. September: Die deutschen Truppen haben Soissons wieder geräumt.
Anfang September: Die deutschen Truppen werden auf die Siegfried-Linie zurückgenommen.

Die Oberste Heeresleitung gibt auf

7. September: Angesichts der Erfolge, die britische Flieger durch den massenhaften Abwurf von Flugblättern mit dem Aufruf zur Desertion erzielen, mahnt Hindenburg die Soldaten:

»Diese Giftblätter kommen vom Feinde; von diesem kommt nichts, was Deutschland frommt!«

12. September: St. Mihiel bei Verdun geht verloren.

26. September: Amerikaner und Franzosen eröffnen auf breitester Front in der Champagne und zwischen der Maas und den Argonnen eine Großoffensive und erobern Tahure. Daraufhin verlangt die Oberste Heeresleitung, sofort Friedensverhandlungen aufzunehmen.

Immer weiter zurück

1. Oktober: Die deutschen Truppen räumen St. Quentin.

9. Oktober: Die deutschen Truppen räumen Lens (und zerstören die Kohlengruben), Armentières und Cambrai.

11. Oktober: Der Chemin des Dames wird aufgegeben.

12. Oktober: Laon wird geräumt.

18. Oktober: Die flandrische Küste mit den U-Boot-Stützpunkten in Oostende und Zeebrügge wird aufgegeben.

Bewunderung für die geschlagenen Deutschen

1. November: Die deutschen Truppen räumen nach heftigen Kämpfen Valenciennes. Der französische General Gouraud sagt dazu:

»Die Deutschen weichen nur Schritt für Schritt.«

In London schreibt die *Pall Mall Gazette:* »Die Deutschen zeigen so große Tapferkeit und Entschlossenheit, daß es Wahnsinn wäre zu meinen, der Sieg sei schon errungen!«

Bewunderung für Ludendorff

16. November: Die französische Zeitschrift *Le Correspondant* beurteilt Ludendorffs Fähigkeiten u. a.:
»Foch wollte mit den Engländern links, den Amerikanern rechts, den Franzosen in der Mitte, den Deutschen, die bei Amiens sich in ein Wespennest gesetzt hatten, ein kolossales Sedan bereiten; aber der Generalquartiermeister zog sich aus der Klemme durch einen Rückzug, den die Fachleute als eine Leistung ersten Ranges bezeichnen.«

Der Gaskrieg

Neue Methoden

In den großen Offensiven dieses Jahres wird Gas nicht mehr aus Flaschen in die gegnerischen Gräben und Stollen geblasen, sondern von der Artillerie in die feindlichen Stellungen geschossen.

Eine Karriere beginnt

15. Oktober: An der Front in Flandern wird der Meldegänger Adolf Hitler, ein Obergefreiter, der ungewöhnlicherweise mit dem EK I ausgezeichnet ist, durch Gas vergiftet, verliert zeitweise das Augenlicht und kommt in das Lazarett nach Pasewalk, wo er beschließt, Politiker zu werden.

Hinter der Front

Frauen im Dienst

In der Militärverwaltung werden Frauen als Kraftfahrerinnen in einer immobilen Kraftfahrerkolonne beschäftigt.
Hier und da tauchen die ersten weiblichen Soldaten auf. So steht beim württembergischen Ersatz-Gebirgsbataillon die Tochter eines in Italien gefallenen österreichischen Obersten.

Sanitäter

Es gibt bei Kriegsende 314 Sanitätskompanien, 592 Feldlazarette, 72 Kriegslazarettabteilungen, 22 Krankentransportabteilungen, 62 Lazarettzüge und 23 Etappensanitätsdepots.

Feldpost

In diesem Krieg befördert die Feldpost 12,1 Mill. Sendungen (1870/71 0,4 Mill.).

Burschendienste

22. Oktober: Hindenburg fordert die Offiziere auf, nicht ihre Burschen dazu zu verwenden, Lebensmittelpakete in die Heimat zu befördern, weil dadurch die Mannschaften geschwächt werden bzw. zu wenig Urlaub erhalten. Die zunehmende Schwäche des Feldheeres und die sich immer bedrohlicher zuspitzende Lage verhindert ohnedies, daß Urlaub in wünschenswertem Ausmaß gewährt werden kann.

Unterkünfte

Bis Ende Juli werden 50000 *Genter Unterkunftshütten* für 2 Mill. Menschen und 0,5 Mill. Pferde hergestellt, in denen die Rekruten in der Etappe untergebracht werden, bevor sie an die Westfront kommen.

Treibstoffmangel Der Mangel an Treibstoff und Pferden führt dazu, daß an der Westfront 21 Etappen-Ochsenfuhrpark-Kolonnen eingerichtet werden.

Tarnung Zur Irreführung des Gegners werden in diesem Krieg immer neue Listen erfunden. So locken die Briten deutsche U-Boote durch hölzerne Attrappen von Kriegsschiffen in ihre

Vor dem Ziel

Nur festhalten, Michel, und dann noch einen Klimmzug! (Zeichnung von Blix.)

Häfen, tarnen ihre Helme mit Grasbüscheln oder verhängen ihre Aufmarschwege mit bemalten Stoffbahnen. Deutsche Soldaten kämpfen im Winter im sogenannten Schneehemd. Die Amerikaner arbeiten gerne mit einer streifenartigen Zickzackbemalung, mit der sie Panzer, Schiffe, ja sogar Artilleriebeobachter tarnen.

Uniformen

Längst vergessen geglaubte Ausrüstungsstücke werden wieder modern. Bayerische Sturmsoldaten tragen einen Brustpanzer, belgische Soldaten Stahlhelme mit herunterklappbarem Visier, französische Pioniere sehen aus wie Landsknechte aus dem 30jährigen Krieg.

Der soziale Hindenburg

Für die Nachkriegszeit werden Arbeiterhäuser und preiswerte Wohnungseinrichtungen entworfen. Die Modelle werden in der Presse unter einem Motto des Generalfeldmarschalls Paul v. Hindenburg vorgestellt:
»Ich möchte am liebsten, daß nach dem Kriege jeder Arbeiter ein Häuschen mit einem Gärtchen findet.«

Hindenburg-Witze

»Sag mal, Mama, warum ißt denn Hindenburg nicht mit Messer und Gabel?«
»Aber Fritzchen, aber natürlich ißt er wie alle Menschen.«
»Nein, lies doch selbst, hier steht es: *Nach der Begrüßung speiste Hindenburg mit seinem Stabe.*« –
Unter den Künstlern, die sich Frau Neureich für den Abend verpflichtet hat, befindet sich auch eine Tänzerin.

»Also, Fräulein«, fragt Herr Neureich, »was kriegen wir denn nachher zu sehen? Einen Cancan? oder einen netten, kleinen Bauchtanz?«
»Verzeihen Sie«, wird er belehrt, »ich tanze Beethoven, Chopin und andere Berühmtheiten.«
»Aha«, meint Neureich, »dann tanzen Sie bitte einen Hindenburg.«

Hurra-Kitsch

Prof. Pazaurek hat im Kgl. Landesgewerbe-Museum in Stuttgart eine Hurra-Kitsch-Abteilung eingerichtet. Beliebtes Objekt in dieser Sammlung ist der Generalfeldmarschall Paul v. Hindenburg. Ihn findet man dort u. a. als Puppe, abgebildet auf Sparbüchsen, Bonbonschachteln, Taschenspiegeln und Taschentüchern.

Soldatenwitze

Daß in einem Krieg die meisten Witze über Soldaten gemacht werden, wird jedem einleuchten. Verblüffend ist jedoch, daß die meisten Witze auf Kosten des Soldaten gehen, insbesondere auf Kosten seines Intelligenzquotienten. Man fühlt sich bei der Lektüre oft an Vorläufer des Ostfriesenwitzes erinnert – und das im 4. und 5. Kriegsjahr.

Bildung ist gefragt

Major: »Haben Sie die Leute auch mit den Helden des Altertums bekannt gemacht?«
Leutnant: »Zu Befehl, Herr Major!«
Major: »Na, Huber, wer war Cäsar?«
Huber: »Handpferd beim 2. Geschütz!« –

Ein Soldat, der von seinem Urlaub zurückkehrt, meldet dem Hauptmann vorschriftsmäßig Ort und Dauer seines Urlaubs.
»Also in Lützen sind Sie gewesen, wo die große Schlacht stattgefunden hat. Können Sie mir auch sagen, wann es war?«
»So lange ich daheeme war, Herr Hauptmann«, antwortet der Soldat, »da is nischt dergleechen vorgefallen.« –
»Wenn ich kommandiere: *Stillgestanden!* müßt ihr so stille stehen, daß Lots Weib dagegen wie ein Perpetuum mobile aussieht.«

Aber Dummheit obsiegt

Unteroffizier auf dem Kasernenhof: »Kulicke, Sie sind das reine Kamel, es fehlen Ihnen bloß die Hörner.« –
»Urlaub wollen Se, Schulze? Für eine Hochzeit? Ausgeschlossen! Die kann auch ohne Sie stattfinden.«
»Verzeihung, Herr Feldwebel, ich bin aber der Bräutigam.« –
»Wie schießen Sie denn heute? So können Sie ja nichts treffen! Was für ein Korn haben Sie denn genommen?«
»Nordhäuser, Herr Unteroffizier!« –
»Müller, können Sie kochen?« fragt der Feldwebelleutnant.
»Ja, ein bißchen schon.«
»Aber mit dem Kochen in den großen Feldkesseln ist das so eine Sache...«
»Ich hab' schon in größeren Kesseln gekocht«, antwortet Müller treuherzig.
»So!« ruft der Feldwebelleutnant erfreut, glücklich, endlich einen tüchtigen Koch gefunden zu haben, »was denn z. B.?«
»Asphalt.« –

Als die neueingezogenen Landsturmleute zur Bekleidungskammer kommen, drängt sich der Sektreisende Lehmann vor und sagt zu dem Feldwebel:
»Sie, ich höre, Sie haben hier Hemden und warmes Unterzeug. Wollen Sie mir bitte etwas zur Auswahl vorlegen?«

Schlau-meier

»Schorsch, kannst du mir sagen, was für a Unterschied is zwischen an Feldpostbriaf und an Sanitätshund?«
»Na!«
»Koaner. A Feldpostbriaf, der is adressiert, und a Sanitätshund, der is a dressiert.« –
Ein Landsturmmann zum anderen:
»Wat bist du eijentlich in Zivil?«
»Ich bin außerordentlicher Professor an der Universität...«
»Na, man sachteken. Woso denn *außerordentlich?* Weeste nich, det Eijenlob stinkt?«

Der Test

Durch Intelligenztests im amerikanischen Heer wird festgestellt, daß die Intelligenz der meisten Soldaten unterdurchschnittlich ist.

Peinlich

Eine Dame tritt im Lazarett an das Bett eines Verwundeten, sieht ihn an und sagt:
»Sie kommen mir so bekannt vor. Ist es möglich, daß ich Sie schon einmal gesehen habe?«
»Möglich ist das schon«, sagt der Verwundete und lächelt, »im Zivilberuf bin ich Gefängniswärter.«

Keine Schwierig-keiten

Ein Reichstagsabgeordneter, der die Front besucht, wird von einem Marinesoldaten durch die flandrischen Schützengräben ge-

führt. Der Soldat redet den Gast sofort mit Namen an. Erstaunt fragt der Abgeordnete: »Kennen Sie mich denn?«
»Nee«, antwortet sein Führer, »Sie nich, aber Ihr Kindermädchen.« –

Lieber allein

»Warum sind Sie denn so traurig, Frau Müller?«
»Ach Gott, mein Mann schreibt, er kommt nächste Woche auf Urlaub.«
»Na, da sollten Sie sich doch freuen!«
»Ja, aber er schreibt, er hat 7 Engländer gefangen. Wo soll ich die denn unterbringen?« –

Im Theater

Unteroffizier Müller sitzt ganz hinten in der Loge. Vor ihm lauter Damen mit großen Hüten, so daß er nichts sehen kann. Aber er weiß sich zu helfen:
»Würde die junge, hübsche Dame so liebenswürdig sein, ihren Hut abzunehmen?«
Im selben Augenblick nehmen alle Damen ihre Hüte ab. –
Im Theater drängt sich ein Soldat durch das Parkett. Ein Logenschließer läßt sich das Billett zeigen.
»Sie, Ihr Platz ist ja ganz hinten, wohin wollen Sie denn?«
»Nun, wohin ein guter Soldat gehört: in die vorderste Reihe.«

Mißverständnis mit der Heimat

Die vielen Witze, die über die Heimat gemacht werden, zeigen, daß das Verhältnis zwischen den Soldaten und der Heimat recht distanziert ist. Es begegnen sich zwei Welten, die häufig nicht viel miteinander anfangen können.

Verfehltes Mitleid

Dem Hauptmann Krause, der im Lazarett liegt, ist das viele Fragen mitleidiger Besucherinnen zu dumm. Meistens brummt er etwas in den Bart, mitunter wird er grob. Einmal kommt eine liebenswürdige Dame und fragt:
»Ach, wo sind Sie denn verwundet?«
»Am Bein«, antwortet Krause.
»Wohl nur durch einen Granatsplitter?«
»Jawohl.«
»Explodierte denn die Granate so dicht in Ihrer Nähe?«
Da richtet sich Krause auf:
»Nee, erst bellte sie, und wie ich nich wegging, hat se mich gebissen.« –
Ein Verwundeter, der einen Verband um den Kopf trägt, fährt Straßenbahn. Ihm gegenüber sitzt eine alte Dame, die ihn unentwegt anstarrt. Der Soldat rückt nach links, nach rechts, wendet den Kopf ab, nichts hilft. Die Dame starrt ihn unentwegt an. Schließlich sagt sie:
»Ach, Sie Ärmster, Sie sind wohl am Kopf verwundet?«
»Nein«, sagt der Soldat ärgerlich, »am Schienbein, der Verband ist mir nur verrutscht!« –

»O Walter, was ich in den ersten Wochen gelitten habe, als du ins Feld kamst!«
»Mein lieber, süßer Schatz!«
»Denk nur, ich hatte eine eitrige Angina.« –

Der Krieg zur See

Vergangener Ruhm

Zu Anfang des Jahres kehrt mit den ersten Austauschgefangenen aus Großbritannien Fregattenkapitän Karl v. Müller zurück und wird wie ein Held empfangen. Müller war bei Kriegsausbruch Kommandant des Kreuzers *Emden,* die sich gerade im Gelben Meer befand. Die *Emden* verließ am 13. August 1914 den Hafen von Tsingtau, das damals eine Kolonie des Deutschen Reiches war, und führte vom 11. September bis zum 9. November einen Kaperkrieg im Indischen Ozean und versenkte mindestens 19 Schiffe, bis sie bei den Kokos-Inseln von dem australischen Kreuzer *Sidney* gestellt und versenkt wurde.

Hilfskreuzer Wolf

18. März: Fregattenkapitän Nerger, Kommandant des Hilfskreuzers *Wolf,* kehrt von einer 15monatigen Kaperfahrt zurück und wird wie ein Held gefeiert. Er hat 35 Handelsschiffe und mehrere Kriegsschiffe versenkt. Die Mannschaft der *Wolf* zieht sogar durch das Brandenburger Tor in Berlin ein.

Zentralisierung

Die Leitung der deutschen Marine wird erst im Sommer zentralisiert, bis dahin existieren ohne Koordination nebeneinander das Reichsmarineamt, der Admiralstab und der Flottenchef.

Admiral Scheer wird Chef der neueingerichteten Seekriegsleitung, die nun für einen koordinierten Einsatz der Marine sorgen soll. Neuer Chef der Hochseestreitkräfte wird Admiral Franz Ritter v. Hipper.

Der Minenkrieg

Während des Krieges wurden in den Meeren um Europa herum 187000 Minen gelegt, die im allgemeinen in einer Tiefe zwischen 300 und 1000 m verankert waren. Die Briten legten allein zwischen Norwegen und Schottland 57000 Minen, anfangs einreihig in Abständen von 40 bis 50 m, später unregelmäßig in Winkeln und in verschiedenen Tiefen, um das Räumen zu erschweren. Die deutsche Marine räumte jedoch nur Durchmarschwege für die U-Boote und ließ im wesentlichen die britische Nordseesperre als Abwehr gegen die Briten bestehen.

Eine Bilanz

Die Verluste an Kriegsschiffen:

	Mittelmächte	Entente
Schlachtschiffe	8	29
Kreuzer	29	30
Torpedoboote	118	113
U-Boote	199	89

Der U-Boot-Krieg

Ausweitung des Kampfes

8. Januar: Deutschland erweitert die Gebiete für den U-Boot-Krieg um die Kapverdischen Inseln, die Azoren und Madeira.

Pro Monat versenken die U-Boote im Schnitt 600 000 BRT, es gelingt jedoch trotzdem nicht, den Nachschub der USA nach Europa ernsthaft zu stören.

Munitions-ersparnis

Um Munition zu sparen, gehen deutsche U-Boote dazu über, kleinere Schiffe *kielzuholen.* Mit Hilfe von Seilen wird das gekaperte Schiff so weit zur Seite geneigt, bis es kentert.

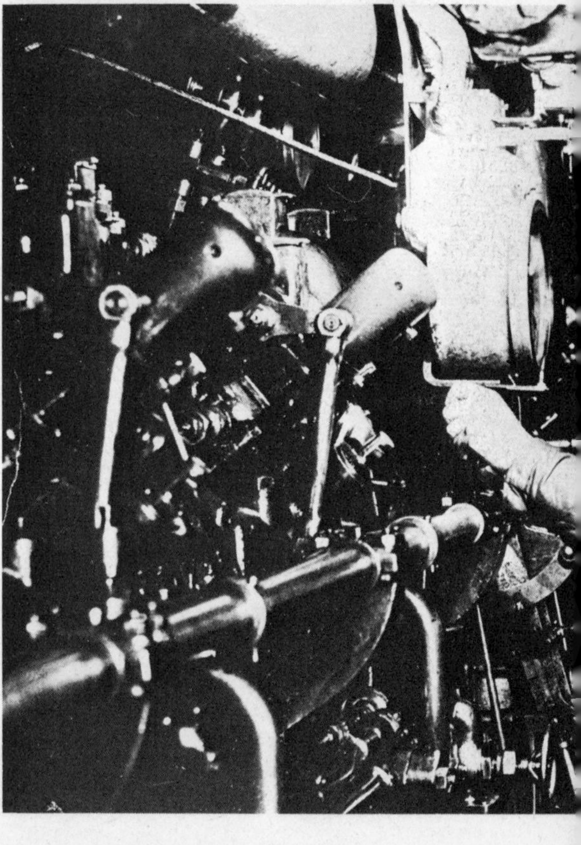

Im Maschinenraum eines deutschen U-Bootes, es herrscht drangvolle Enge.

Ein Überfall 11. und 22. April: Die Briten versuchen vergeblich, von See her die deutschen U-Boot-Stützpunkte in Oostende und Zeebrügge zu zerstören.

Irreale Ideen Juni: Die deutsche Admiralität erwägt, die amerikanische Ostküste durch deutsche U-Boot-Kreuzer abzuschnüren, um die Übersetzung amerikanischer Truppen nach Frank-

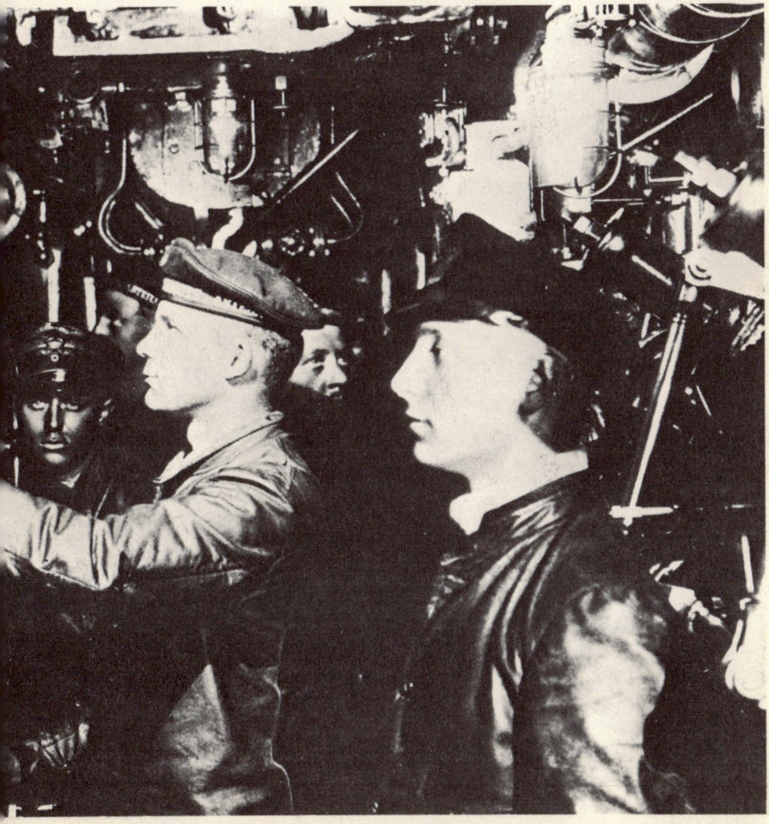

reich zu unterbinden. Es stehen dafür jedoch nur 3 bis 6 U-Boot-Kreuzer zur Verfügung.
2. Juli: Kaiser Wilhelm II. lehnt den Plan der Admiralität auf Anraten des Reichskanzlers Graf Hertling ab, damit nicht auch noch die letzten neutralen Staaten Deutschland den Krieg erklären.

In letzter Sekunde

1. Oktober: Das *Scheer-Programm* wird genehmigt. Damit das Reich doch noch den U-Boot-Krieg gewinnt, soll Admiral Scheer 376 neue U-Boote erhalten, die von 69000 Werftarbeitern auf 11 Werften gebaut werden sollen. Die Werftarbeiter sollen aus der Marine, dem Ersatzheer und der Rüstungsindustrie herausgezogen werden.

Das Ende

20. Oktober: Deutschland stellt den U-Boot-Krieg ein.

Die Bilanz

Die U-Boote hatten zu Anfang des Krieges 237/282 t, am Ende bis zu 2158/2785 t (U-Kreuzer). Insgesamt wurden 374 U-Boote gebaut, davon 143 Flotten-U-Boote, 136 B-Boote (Flandern) und 95 C-Boote zum Minenlegen. 320 Boote wurden eingesetzt und fuhren im Schnitt jeweils über 10 Einsätze. Dabei versenkten sie fast 6400 Schiffe mit fast 12 Mill. BRT, dazu 100 Kriegsschiffe. 178 U-Boote mit über 4700 Mann Besatzung gingen verloren.
An den U-Boot-Erfolgen sind die in Flandern stationierten Boote mit 23% beteiligt, nicht mitgerechnet die Erfolge der Minen legenden C-Boote.

Der Luftkrieg – eine neue Ära

Der Zeppelin versagt

5. August: Deutsche Zeppeline fliegen ihren letzten Nachtangriff auf London. Dabei wird das Führungsschiff mit Fregattenkapitän Strasser, dem Befehlshaber der Marineluftschiffe, abgeschossen.

1915 bis 1918 gingen von 61 Marineluftschiffen 17 mit voller Besatzung verloren, 28 strandeten, explodierten oder brannten ab, 6 wurden abgewrackt. Die Schiffe flogen 47 Angriffe auf England und warfen 172 t Bomben ab, pro Schiff und Einsatz nur 2 bis 3 t.

In diesem Krieg wurden gut 100 Zeppeline zu militärischen Zwecken verwendet. Davon fielen 94 dem Gegner oder Naturereignissen zum Opfer. In diesem Jahr werden LZ 80 abgewrackt, LZ 87, 94, 97 und 105 durch Explosion vernichtet, LZ 99 durch Flieger am Boden zerstört, LZ 100 brennend abgeschossen, LZ 104 von Ostafrika kommend über Rom brennend abgeschossen, LZ 107 über der Nordsee abgeschossen, LZ 108 durch Flieger am Boden zerstört, LZ 112 abgeschossen.

Aufklärung durch Ballons

Die Ballons der Beobachter sind so empfindlich, daß die Mannschaften regelmäßig zum Fingernägelappell antreten müssen: Sie könnten sonst die Hüllen verletzen.

Ernst Vollbehr, der Kriegsmaler im Großen Hauptquartier, malt während des Krieges die gesamte Westfront von oben, von Ballons aus.

Bei Kriegsende befinden sich 184 Ballonzüge im Einsatz, in erster Linie zu Aufklärungszwecken, hauptsächlich an der Westfront. Zur Füllung eines Ballons werden 20 Gasflaschen benötigt, an der Westfront gibt es dafür 7 Gasanstalten.

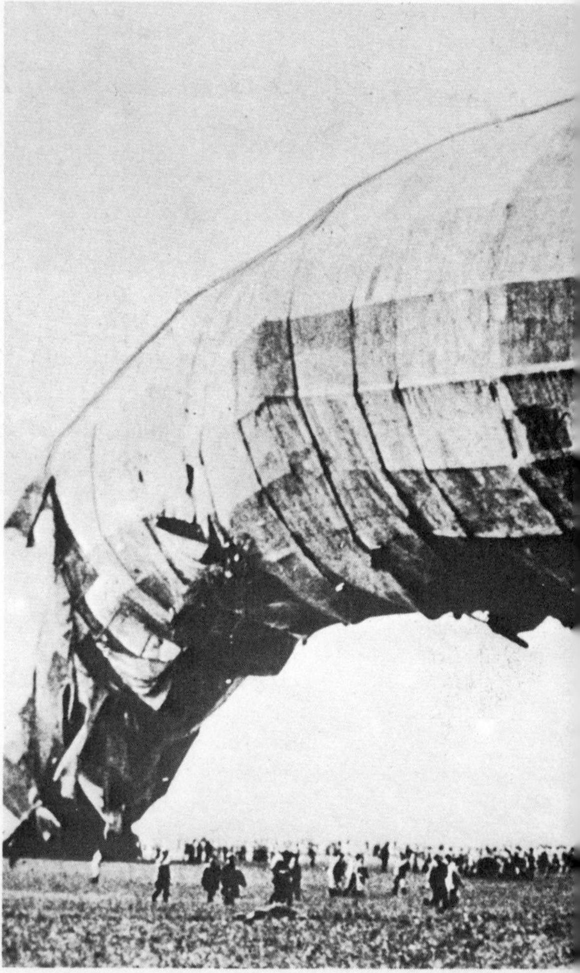

Für die Zeppeline spricht zu Beginn des Krieges nur ihre große Reichweite: Sie können Südengland bombardieren. Sowie die Jagdflugzeuge schnell ihre Höhe erreichen (seit 1915), ist ihre Zeit vorbei. Hier: Bruchlandung nach feindlichem Beschuß im Heimathafen.

Das letzte Aufgebot

Zur Unterstützung der deutschen Offensive werden im Westen 1338 Flugzeuge zusammengezogen; das sind etwa $^{1}/_{3}$ sämtlicher verfügbarer Flieger und die Hälfte der Jagd- und

Bombenflugzeuge. Eine Steigerung dieses Einsatzes ist jedoch nicht mehr möglich, im Laufe des Sommers wird die deutsche Luftunterlegenheit immer spürbarer, besonders seitdem die Alliierten mit ihren Flugzeugen nicht nur die Front, sondern auch das Rheinland bombardieren.

Ein Infantrist schleppt einen abgestürzten Piloten aus der brennenden Maschine. Die aus Holz und Leinwand gebauten Flugzeuge gehen spätestens beim Aufprall in Flammen auf. Die Piloten haben erst seit 1918 eine Chance mit dem Fallschirm auszusteigen, die meisten stürzen zusammen mit ihrer Maschine ab.

Die Jagdflieger

21. März: Im Luftkampf fällt der erfolgreichste deutsche Jagdflieger und berühmteste Soldat des Weltkrieges: Manfred v. Richthofen.

Der erfolgreichste überlebende deutsche Flieger ist bei Kriegsende Oberleutnant Ernst Udet mit 60 Luftsiegen.

Die deutschen Jagdflieger bevorzugen den Eindecker. Der Fokker-Dreidecker-Jagdeinsitzer von 1917, mit dem Manfred v. Richthofen abgestürzt ist, hat sich nicht bewährt.
Es gelingt, Maschinengewehr und Propeller so aufeinander einzustellen, daß man durch den Propellerkreis schießen kann, ohne den Propeller zu beschädigen.

Die Bomber

Im Frühjahr verfügt die deutsche Wehrmacht über 7, bei Kriegsende über 9 Bombengeschwader, im allgemeinen zu je 3 Staffeln. Deutsche Flieger erproben geheizte Handschuhe, die elektrisch erwärmt werden.

Die Fliegerabwehr

Bei Kriegsende gibt es nur knapp 2500 Fliegerabwehrkanonen, die jetzt *Flak* genannt werden (1914 erst 18 *Bak* = Ballonabwehrkanonen, zum größten Teil mit Pferdebespannung), obwohl die Flugzeuge inzwischen 5000 m hoch fliegen und von Infanteriewaffen nicht mehr erreicht werden können. Davon sind jedoch nur gut 300 speziell für die Fliegerabwehr konstruiert (8,8 cm), der große Rest besteht aus umgebauten Beutegeschützen. Überdies stehen allein 1000 Flaks in der Heimat zum Schutz der Industrieanlagen, besonders am Rhein. Für 1919 planen die Alliierten bereits Nachtbomberangriffe auf Berlin. Ein Abwehrgeschütz gegen Tiefflieger fehlt noch vollkommen.

Lettow-Vorbeck in Ostafrika

November: In Deutsch-Ostafrika, wo sich Lettow-Vorbeck immer noch hält (155 deutsche Soldaten, über 1100 Askaris und 3000 Träger) und 120000 alliierte Soldaten bindet, wendet sich die deutsche Truppe plötzlich nach Rhodesien und bedroht den alliierten Nachschub.
14. November: Lettow-Vorbeck schließt einen Waffenstillstand. Für ihren *gallant fight* wird den deutschen Soldaten die Rückkehr in die Heimat erlaubt.

Die Bilanz des Krieges

Zu den Waffen gerufen

Die *Mittelmächte* haben in diesem Krieg insgesamt 24,3 Mill. Menschen mobilisiert, die *Entente* fast die doppelte Menge: 43 Mill.

Die Menschenverluste

In diesem Krieg sind etwa 10 Mill. Menschen umgekommen, weitere 20 Mill. Menschen sind verwundet worden. Die Bilanz in Mill.:

	Tote	Verwundete	Gefangene
Deutschland	1,8	4,2	0,6
Rußland	1,7	5,0	2,5
Frankreich	1,4	3,0	0,4
Österr.-Ungarn	1,2	3,6	2,2
Großbritannien	0,9	2,1	0,2
Italien	0,5	0,9	0,5
Türkei	0,3	0,4	–
USA	0,1	0,2	–

Die Kosten

Die Kosten des 1. Weltkrieges werden auf ca. 1340 Mrd. Goldmark geschätzt. Davon sind 730 Mrd. direkte und 610 Mrd. indirekte Kosten. Auf Deutschland entfallen 165 Mrd. Mark, dazu kommen 65 Mrd. Mark für Österreich, die von Deutschland gedeckt werden müssen. Frankreichs Kosten betragen 160 Mrd. Francs, Großbritanniens Kosten 8,8 Mrd. Pfund Sterling. Die Kosten des Krieges wurden in Deutschland zu 54,6% durch Anleihen gedeckt, 39,4% sind schwebende Staatsschulden und 6% durch Steuern. Großbritannien deckte 80% durch Anleihen und 20% durch Steuern.

Volksmund

»Hör mal, Luise, hier steht in der Zeitung, was der Krieg kostet. Kolossal! Wenn unsere Uhr Tick macht, sind wieder 6000 Mark futsch«.
»Aber dann geh doch und halt sie an!«

Der Krieg im Osten und Süden

das sollten Sie unbedingt wissen

17. bis 20. Januar: In Wien kommt es zu einem Generalstreik.
24. Januar: Die Ukraine erklärt ihre Selbständigkeit.
9. Februar: Der *Viererbund* schließt in Brest-Litowsk mit der Ukraine den *Brotfrieden.* Er soll die Lebensmittelversorgung sichern. Bei dieser Gelegenheit wird Polen zugunsten der Ukraine geschädigt.
März: Deutsche und österreichische Truppen besetzen die Ukraine, um sie vor den Bolschewiki zu schützen und in den Genuß des *Brotfriedens* zu kommen.
3. März: Im Frieden von Brest-Litowsk mit dem bolschewistischen Rußland sichert der *Viererbund* seine Satelliten.
6. März: Die Rumänen, durch die Ereignisse in der Ukraine von ihrem russischen Verbündeten getrennt, schließen Frieden mit dem *Viererbund.*
3. April: Deutsche Truppen landen in Finnland, um es gegen die bolschewistischen Truppen zu schützen.

12. April: Frankreich bringt durch die Veröffentlichung der *Sixtus-Briefe*, in denen Kaiser Karl einen Sonderfrieden angeboten haben soll, Unruhe zwischen die Verbündeten.

4. Mai: Finnische und deutsche Truppen schlagen die Bolschewisten.

15. Juni: Eine österreichische Offensive in Italien scheitert völlig.

17. August: Auf einer Konferenz in Agram sagen sich die Völker der Donau-Monarchie von Habsburg los.

15. September: Die Alliierten eröffnen ihre Offensive gegen Bulgarien, das am 29. September einen Waffenstillstand abschließt.

19. September: Britische Truppen durchstoßen die türkische Front in Palästina.

4. Oktober: Österreich-Ungarn akzeptiert die amerikanischen Friedensbedingungen.

27. Oktober: Österreich-Ungarn erklärt sich zu einem Sonderfrieden ohne Rücksicht auf Deutschland bereit.

31. Oktober: Die Türkei schließt einen Waffenstillstand ab.

3. November: An der italienischen Front kommt es zum Waffenstillstand.

11. November: Kaiser Karl dankt ab. Als deutscher Teilstaat wird die österreichische Republik ausgerufen.

Der finnische Schauplatz

Kampf zwischen Rot und Weiß

28. Januar: Die *roten Garden* erobern im Kampf gegen die finnischen *weißen Garden* Helsingfors (Helsinki). Daraufhin bitten die Finnen Schweden und Deutschland um Hilfe.

Schweden unternimmt jedoch – außer der Besetzung einiger Aaland-Inseln – mit Rücksicht auf seine starke sozialdemokratische Partei nichts.

Deutschland greift ein

5. März: Deutsche Marinetruppen besetzen die Aaland-Inseln Ekerö, um einen Stützpunkt für ihre Invasion in Finnland zu gewinnen, und grenzen ihren Bereich gegen Schweden ab.

Der Friedensvertrag

7. März: Finnland und Deutschland schließen in Berlin einen Friedensvertrag. (Finnland hat formal dem Zaren unterstanden und befindet sich daher noch im Kriegszustand mit Deutschland.) Deutschland verspricht darin, die finnische Unabhängigkeit zu bewahren, Finnland verspricht, keinem anderen Land ohne Zustimmung Deutschlands Rechte einzuräumen (gemeint sind britische Versuche, Einfluß zu gewinnen).

Die Invasion

3. April: 12000 deutsche Soldaten besetzen den finnischen Hafen von Hangö.
11. bis 13. April: Deutsche Truppen rücken in der finnischen Hauptstadt Helsingfors (jetzt Helsinki) ein.

Der Sieg

4. Mai: Finnische und deutsche Truppen unter dem finnischen General v. Mannerheim schlagen die russisch-bolschewistischen Truppen vernichtend.

Ein deutscher König

10. August: Der finnische Landtag beschließt, die Erbmonarchie (die bisher beim Zaren von Rußland lag) beizubehalten.

9. Oktober: Der finnische Landtag wählt den Schwager Kaiser Wilhelms II., Prinz Friedrich Karl von Hessen, zum König von Finnland. Angesichts der sich abzeichnenden deutschen Niederlage schiebt der Prinz die Annahme der Wahl hinaus.

Eine Republik

12. Dezember: General Karl Freiherr v. Mannerheim wird finnischer Reichsverweser.

Baltische Wirren

Estlands Unabhängigkeit

24. Februar: Estland erklärt seine Unabhängigkeit.
25. Februar: Deutsche Truppen besetzen die estnische Universitätsstadt Dorpat.

Herzog von Kurland

8. März: Der Landesrat von Kurland bittet Kaiser Wilhelm II., die Herzogskrone von Kurland anzunehmen und Kurland möglichst eng an das Deutsche Reich anzuschließen, möglichst im Rahmen eines baltischen Staates.

Deutscher Schutz erwünscht

12. März: Die livländische Ritterschaft und die Professoren der Universität Dorpat richten Ergebenheitstelegramme an Kaiser Wilhelm II.
18. April: Der estnische Landtag sucht um den Schutz des Deutschen Reiches nach.

Preußische Oberhoheit

28. April: Der *vereinigte Landesrat* von Livland, Estland, Riga und Ösel bittet Kaiser Wilhelm II., ihre Länder und die vorgelagerten Inseln in einem Staat in Personalunion unter der Krone Preußens zusammenzufassen.
Dieser Rat besteht aus 58 Mitgliedern, nämlich aus Rittern, Gutsbesitzern, Bauern, Städtern, 7 Geistlichen und einem Universitätsprofessor aus Dorpat; nach Nationalitäten: 34 Deutsche, 16 Letten und 8 Esten. Mit anderen Worten: Die Oberschicht, die zum größten Teil aus Baltendeutschen besteht, ist im Landesrat außerordentlich überrepräsentiert.

Links: Der Magistrat der finnischen Hauptstadt Helsingfors (heute Helsinki) begrüßt den Befehlshaber der deutschen Truppen General Rüdiger Graf v. d. Goltz beim Einmarsch vor dem Dom.

Der Kaiser sagt eine wohlwollende Prüfung der Anträge aus dem Baltikum zu.
Zu diesem Zeitpunkt sind bereits von 6 baltendeutschen Herrensitzen 5 in Schutt und Asche gelegt.
19. Mai: Livland und Estland sagen sich von Rußland los.

Deutsche Siedler

2. Juli: Generalfeldmarschall v. Hindenburg erläßt eine Verordnung, daß alle baltischen Großgrundbesitzer, die 600 ha und mehr besitzen, 1/3 ihres Grundbesitzes zu Friedenspreisen an die *Landgesellschaft Kurland* abgeben müssen, damit deutsche Bauern angesiedelt und die deutsche Kolonisation vollendet werden können.

Noch ein deutscher König

11. Juli: Die litauische *Taryba* (Landesausschuß) wählt Herzog Wilhelm von Urach, Graf von Württemberg, zum König von Litauen.

Zerbrechliche Unabhängigkeit

27. August: Rußland erkennt Estland und Livland als selbständige Staaten an.
2. November: Der Freistaat Litauen wird ausgerufen und erhält eine vorläufige demokratische Verfassung.
18. November: Lettland erklärt seine Unabhängigkeit.

Baltische Freikorps

30. November: Die deutschen Truppen im Baltikum schließen sich zur *Eisernen Division* zusammen und setzen den Kampf gegen das bolschewistische Rußland fort.

Der Brotfrieden mit der Ukraine

Die *Mittelmächte* engagieren sich für die Ukraine, gegen die Bolschewiki, weil sie sich vom Besitz dieser Kornkammer die Lösung ihrer Ernährungsprobleme versprechen. Besonders in Österreich ist der Hunger groß, da die Ungarn von ihrem Überfluß nichts abgeben. Die Österreicher fallen unter diesen Umständen den Polen, auf deren Hilfe sie bei der Lösung ihrer Nationalitätenprobleme dringend angewiesen sind, in den Rücken. Die Hoffnung ist jedoch trügerisch, die Ukraine muß von den *Mittelmächten* gegen die Bolschewiki verteidigt werden und liefert kein Brot.

Die Ukraine wird selbständig

12. Januar: In Brest-Litowsk erscheint eine Abordnung der ukrainischen *Rada* (Landesversammlung) und wird wunschgemäß als Vertretung der selbständigen Ukraine anerkannt.

20. Januar: Die Ukraine einigt sich in Brest-Litowsk mit dem *Viererbund* über die Grundzüge eines künftigen Friedens. Daraufhin zetteln die Bolschewiki in Charkow einen Umsturzversuch an, der jedoch scheitert.

24. Januar: Die ukrainische *Rada* erklärt, daß eine neue russische Föderation nicht zustande gekommen ist und ruft die volle Unabhängigkeit der Ukraine aus.

Verrat an Polen

9. Februar: Die Ukraine schließt in Brest-Litowsk einen Friedensvertrag mit dem *Viererbund* ab. Die Grenze zu Österreich bleibt un-

verändert, die Grenze gegen Polen jedoch wird nach Westen verschoben, so daß Brest-Litowsk und Cholm an die Ukraine fallen.

Verfrühte Freude

9. Februar: Kaiser Karl an seinen Außenminister Graf Czernin:
»Sie haben Mir damit den schönsten Tag Meiner bisher recht sorgenreichen Regierungszeit beschert.«

Wie sich ein Münchner die Ukraine vorstellt

(Zeichnung O. Gulbransson)

Der deutsche Außenminister urteilt realistisch:
»Die ukrainische Delegation hat Czernin durch Sonne, Mond und Sterne hindurch erpreßt.«

Einmarsch in der Ukraine

1. März: Kiew wird von deutschen Truppen besetzt.
13. März: Deutsche und österreichische Truppen – Österreich beteiligt sich nach den ersten großen deutschen Erfolgen entgegen seiner ursprünglichen Absicht inzwischen doch wieder an dem Kampf gegen die Bolschewiki – besetzen Odessa, die Hafenstadt am Schwarzen Meer.
20. März: Deutsche und österreichische Truppen rücken in Cherson an der Mündung des Dnjepr ein.

An der Westfront nützlicher

Über die Folgen dieses Vorgehens schreibt ein zeitgenössischer deutschnationaler Chronist (Gottlob Egelhaaf):
»Freilich haben diese Unternehmungen, deren Notwendigkeit keine unbedingte war, Kräfte beansprucht, deren Einsatz an der Westfront für die Hauptentscheidung von Erheblichkeit gewesen wäre. Es ist aber psychologisch verständlich, daß Hindenburg für die Aufgaben im Osten, sein ursprüngliches Wirkungsgebiet, stets viel übrig hatte, und er lebte in der Hoffnung, daß hier für seine braven Soldaten Siedlungsland zu gewinnen sei und dadurch der Schutzwall für Deutschland gegen das Slawentum und gegen den Bolschewismus unübersteigbar gemacht werden könne.«

Ende in Sicht

25. März: In Minsk wird eine *Weißruthenische Volksrepublik* ausgerufen, aber von Deutschland nicht anerkannt.

23. April: Der deutsch-ukrainische Wirtschaftsvertrag wird unterzeichnet.

30. Juli: Der deutsche Oberbefehlshaber über die Truppen in der Ukraine, Generalfeldmarschall v. Eichhorn, wird in Kiew ermordet.

15. November: Der ukrainische Ministerpräsident Skoropadskij wird von Petljura abgelöst.

Der Frieden mit den Sowjets

Wiederaufnahme der Verhandlungen

5. Januar: In Brest-Litowsk werden die Friedensverhandlungen zwischen den Sowjetrussen einerseits und dem *Viererbund* (Deutsches Reich, Österreich-Ungarn, Bulgarien und Türkei) andererseits, die zum Weihnachtsfest unterbrochen worden sind, wieder aufgenommen.

Keine Einigung

12. Januar: Die Sowjetrussen gestehen in Brest-Litowsk zwar allen Stämmen des ehemaligen Zarenreiches die Selbstbestimmung zu, verlangen darüber aber eine allgemeine Abstimmung in ganz Rußland und den Abzug der *Viererbund*truppen aus den besetzten russischen Gebieten, damit diese Abstimmung vom *Viererbund* nicht beeinflußt werden kann.

Darüber ist keine Einigung zu erzielen, da einige dieser Gebiete, wie z. B. Kurland, Litauen, Riga, Ösel, Dagö und Moon bereits ihre Lösung von Rußland beschlossen und sich dem Schutz Deutschlands unterstellt haben.

Wer ist der Sieger?

Der Chef des deutschen Generalstabes, General Max Hoffmann, ruft daher der sowjetrussischen Delegation zu, sie sprächen, als ob sie die Sieger wären und ihre Bedingungen diktieren könnten:
»Die Tatsachen sind aber umgekehrt: Das siegreiche deutsche Heer steht auf Ihrem Boden!«

Ein Ultimatum

9. Februar: Die *Mittelmächte* stellen der bolschewistischen Revolutionsregierung ein Ultimatum.

Erneuter Kampf

10. Februar: Trotzki erklärt daraufhin einseitig den Friedenszustand gegenüber dem *Vierbund* unter Verzicht auf einen formellen Friedensvertrag und verspricht die Abrüstung des russischen Heeres bis auf Friedensgröße.
18. Februar: Der *Viererbund* nimmt die einseitige Friedenserklärung der Bolschewiki nicht an und eröffnet erneut die Kampfhandlungen gegenüber Rußland, in erster Linie, um seine Satelliten (Finnland, Estland, Livland und Ukraine) gegenüber den Bolschewiki zu unterstützen.

Die Bedingungen

24. Februar: Der *ausführende Hauptausschuß* der Bolschewiki in St. Petersburg erklärt sich zur Annahme der deutschen Friedensbedingungen in Brest-Litowsk bereit.
Diese Bedingungen sehen vor:
freundschaftliche Beziehungen zwischen Rußland und den *Mittelmächten* (Deutsches Reich und Österreich-Ungarn);

Rechte Seite: Die Delegation des Viererbundes während der Verhandlungen mit den Sowjets in Brest-Litowsk. Von links nach rechts im Halbkreis: der Generalstabschef des deutschen Ostheeres Max Hoffmann, der österreichische Außenminister Ottokar Graf Czernin, der türkische Großwesir Talaat und der deutsche Staatssekretär des Äußeren (Außenminister) Richard v. Kühlmann. Dahinter mit den hohen Pelzmützen die bulgarische Delegation.

das Schicksal der baltischen Staaten und Polens wird aus den Händen Rußlands in die der *Mittelmächte* gelegt;
Estland und Livland werden sofort von russischen Truppen geräumt und von deutschen Polizeieinheiten besetzt;
Rußland schließt sofort Frieden mit Finnland und der Ukraine und zieht dort seine Truppen zurück;
Rußland zieht sofort aus Anatolien ab und räumt auch die seit 1878 besetzten Städte Ardahan, Kars und Batum und regelt die neue Grenze im Einvernehmen mit der Türkei und der neuen transkaukasischen Republik;
das russische Heer wird sofort auf die Friedensstärke zurückgeführt, die Handelsschiffahrt wird freigegeben und die Minen werden geräumt;
Rußland erkennt die volle Unabhängigkeit Persiens und Afghanistans an;
Rußland verzichtet auf den Ersatz seiner Kriegskosten und Kriegsschäden;
vor dem Krieg miteinander geschlossene Wirtschaftsverträge bleiben bis 1925 in Kraft;
die Bolschewiki unterlassen jede politische Wühlarbeit in den Staaten des *Viererbundes* und der von ihnen besetzten Gebiete;
Spitzbergen wird internationalisiert.

Starker Druck

Diese Bedingungen haben die Bolschewiki innerhalb von 48 Stunden anzunehmen, der Vertrag muß innerhalb 3 Tagen unterschrieben sein, die Ratifizierung durch die bolschewistische Regierung muß innerhalb von 14 Tagen erfolgen.

Ein zeitgenössischer Chronist (G. Egelhaaf): »Es war eine herzerquickend kräftige Sprache, welche bewies, daß wir der unerträglichen Verschleppungstaktik der Russen satt waren: entweder – oder!«

Militärische Überlegenheit

1. März: Bis zu diesem Zeitpunkt haben die deutschen Truppen in ihrem neuen Kampf gegen die Bolschewiki erbeutet: über 2600 Geschütze, fast 6000 MGs, 8000 Eisenbahnwaggons, 800 Lokomotiven und 64000 Gefangene.

4. März: Deutsche Truppen rücken in Narwa, gut 100 km vor St. Petersburg, ein.

Berliner

Nr. 115
47. Jahrgang

und Handels-

Friedensschluß

Amtlich. Berlin, 3. März 1918. (W. T. B.)

Der Friede mit Rußland ist heute, 5 Uhr nachmittags, unterzeichnet worden.

Einstellung der militärischen Bewegungen in Großrußland.

Amtlich. Berlin, 3. März abends. (W. T. B.)

Infolge der Unterzeichnung des Friedensvertrages mit Rußland sind die militärischen Bewegungen in Großrußland eingestellt.

Von den anderen Kriegsschauplätzen nichts Neues.

*

Amtlich. Großes Hauptquartier, 3. März.

Westlicher Kriegsschauplatz.

Heeresgruppe Kronprinz Rupprecht.

Südwestlich von Lombardsijde nahmen wir eine Anzahl Belgier gefangen. Brandenburgische Sturmtrupps brachten von einem Vorstoß bei Neuve-Chapelle 66 Portugiesen, darunter 3 Offiziere, gefangen zurück.

Heeresgruppe Deutscher Kronprinz.

Französische Kompagnien griffen am Abend nach mehrstündiger Feuervorbereitung unsere Stellungen bei Corbeny an; sie wurden im Gegenstoß zurückgeworfen. In der Champagne lebte die Gefechtstätigkeit in den Kampfabschnitten vom 1. 3. zeitweilig auf.

Oestlicher Kriegsschauplatz.

Front des Generalfeldmarschalls Prinz Leopold von Bayern.

Die nach Ablauf des Waffenstillstandsvertrages eingeleiteten Operationen haben zu großen Erfolgen geführt. Die Truppen des Generaloberstеn Grafen Kirchbach haben Livland und Estland zur Unterstützung der bedrängten Bewohner im Siegeszuge durcheilt, begleitet durch Teile der über den zugefrorenen Moonsund vorgehenden Besatzung der baltischen Inseln und durch estnische Regimenter. Reval und Dorpat wurden genommen. Unsere Truppen stehen vor Narwa.

Tageblatt

Zeitung

Montag
4. März 1918

mit Rußland.

Die Armeen des Generaloberſten v. Kirchbach und des Generalfeldmarſchalls v. Eichhorn haben in unaufhaltſamem Vordringen über Dünaburg und Minſk nach hartem Kampf Pleslau ſowie Polozk und Boriſſow genommen. In Bobruiſk wurde die Vereinigung mit polniſchen Diviſionen erzielt.

Teile der Heeresgruppe Linſingen haben in Uebereinſtimmung mit der ukrainiſchen Regierung den Eiſenbahnweg von Luniniek über Rjetſchiza am Dnjepr bis Gomel nach mehrfachem Kampf geöffnet. Andere Diviſionen unter Führung des Generals v. Knoerzer haben feindlichen Widerſtand brechend die auf Kiew führenden Bahnen und die Bahnlinie Kiew—Shmerinka vom Feinde geſäubert. Am 1. März wurde Kiew im Verein mit Ukrainern genommen; deutſche und öſterreich-ungariſche Truppen ſind in Shmerinka eingerückt.

Die dem Feinde abgenommene Beute iſt auch nicht annähernd zahlenmäßig feſtzuſtellen. Soweit Meldungen vorliegen, ſind in unſerem Beſitz:

An Gefangenen: 6800 Offiziere und 57 000 Mann.

An Beute: 2400 Geſchütze, über 5000 Maſchinengewehre, viele tauſend Fahrzeuge, darunter 500 Kraftwagen und 11 Panzerautos, über 2 Millionen Schuß Artilleriemunition und 128 000 Gewehre, 800 Lokomotiven und 8000 Eiſenbahnwagen. Hierzu kommt die Beute von Reval mit 13 Offizieren, 500 Mann, 220 Geſchützen, 22 Flugzeugen und viel rollendem Material.

Heeresgruppe Mackenſen.

Der Waffenſtillſtand mit Rumänien iſt geſtern gekündigt worden. Darauf hat ſich die rumäniſche Regierung bereit erklärt, in neue Verhandlungen über einen weiteren Waffenſtillſtand auf Grund der von den Mittelmächten geſtellten Bedingungen einzutreten. An dieſe Waffenſtillſtandsverhandlungen ſollen ſich Friedensverhandlungen anſchließen.

Von den anderen Kriegsſchauplätzen nichts Neues.

Der Erſte Generalquartiermeiſter.

Ludendorff. (W. T. B.)

Der Vertrag

3. März: In Brest-Litowsk wird der Friedensvertrag zwischen dem bolschewistischen Rußland und dem *Viererbund* unterschrieben. Für Deutschland zeichnet Richard v. Kühlmann, für Österreich-Ungarn Ottokar Graf Czernin, für die Türkei der frühere Großwesir Ibrahim Hakki, für Bulgarien Finanzminister Andrea Tontscheff, für Rußland Grigori J. Sokolnikoff.
Der russische Vertreter unterzeichnet unter Protest.

Die Kröte schlucken

16. März: Die Gesamtversammlung der Sowjets (Soldaten, Arbeiter, Bauern und Kosa-

Auf dem Bahnhof von Brest-Litowsk empfangen Vertreter des Viererbundes die sowjetische Delegation. In der Mitte mit Blick zum Leser der neue Außenkommissar der Roten, Leo Trotzki.

ken) stimmt dem Frieden von Brest-Litowsk zu. Lenin zum Vertrag von Brest-Litowsk: »Wenn man sich nicht anpassen kann, wenn man nicht fähig ist, auf dem Bauch durch den Schmutz zu kriechen, dann ist man kein Revolutionär, sondern ein Schwätzer.«

Nachträge

6. Juli: Der deutsche Gesandte in Moskau, Graf Mirbach, wird ermordet.
27. August: Rußland erkennt in einem Nachsatz zum Frieden von Brest-Litowsk an, daß es 6 Mrd. Mark für Schäden zahlt, die es in Ostpreußen und Österreich-Ungarn angerichtet hat.

Die rumänische Front

Rumänien kämpft zu Beginn des Jahres noch an der Seite Rußlands gegen den *Viererbund.*

Rumänien wechselt zum erstenmal die Front

9. Februar: In Rumänien macht die Regierung Bratianu, die bisher mit den Russen gegen den *Viererbund* zusammengearbeitet hat, der Regierung des Generals Averescu Platz.
24. Februar: König Ferdinand von Rumänien lehnt – nach einem Treffen mit dem österreichischen Außenminister Graf Czernin und Kenntnisnahme der Friedensbedingungen – das Friedensangebot des *Viererbundes* ab.
3. März: Der *Viererbund* kündigt Rumänien zum 5. März den am 7. Dezember 1917 abgeschlossenen Waffenstillstand auf.

Die Vertragsbedingungen

6. März: Auf Schloß Buftea bei Bukarest schließt Rumänien einen Vorfrieden mit dem *Viererbund* ab, bei gleichzeitiger Verlängerung des Waffenstillstandes um 14 Tage, innerhalb derer der endgültige Friedensvertrag abgeschlossen werden soll. Die Bedingungen sind:
Die gesamte Dobrudscha – sowohl die 1878 als auch die 1913 von Rumänien erworbenen Teile – wird an den *Viererbund* abgetreten. (An sich soll Bulgarien die Dobrudscha erhalten, da aber die Türkei als Kriegslohn die 1915 abgetretenen Landesteile an der Maritza zurückverlangt, wird die Entscheidung vertagt);
Rumänien reicht nicht mehr ans Schwarze Meer heran, hat aber Zugang für seinen Wirtschaftsverkehr über den Hafen Constanza;

Rumänien überläßt Österreich-Ungarn in den Karpaten ca. 5000 m² (nämlich die strategisch wichtigen Karpaten-Pässe);
Rumänien sichert dem *Viererbund* sein Öl und sein Getreide zu;
8 rumänische Divisionen werden sofort auf ihre Friedensstärke herabgesetzt, die restlichen Divisionen nach einem Frieden zwischen Rußland und Rumänien;
Rumänien räumt sofort besetzte Gebiete in Österreich-Ungarn;
um die Getreidevorräte der Ukraine für den *Viererbund* zu sichern, unterstützt Rumänien den Eisenbahnverkehr des *Viererbundes* dorthin mit allen Mitteln;
Rumänien entläßt sofort ausländische Offiziere aus seinem Dienst, denen der *Viererbund* freies Geleit zusichert.
Der Vertrag wird deutscherseits von v. Kühlmann unterschrieben, für Österreich-Ungarn unterschreibt Graf Czernin, für Bulgarien der Vizepräsident der *Sobranje* Momtschaloff, für die Türkei Großwesir Talaat, für Rumänien Argetojanu.

Glück gehabt

Daß König Ferdinand von Rumänien nicht seinen Thron verliert, verdankt er einerseits den Sympathien König Karls von Österreich-Ungarn, zum andern der Befürchtung Kaiser Wilhelms II., das Legitimitätsprinzip könnte untergraben und damit keinem Monarchen mehr nützen.

Erneuter Frontwechsel

10. November: Die rumänische Regierung Coanda veranlaßt König Ferdinand dazu, den Frieden von Bukarest für erloschen zu erklä-

ren und den Krieg gegen die *Mittelmächte* wiederaufzunehmen.
18. Dezember: Die *Entente*-freundliche Regierung Bratianu kehrt zurück.

Nachträge

Durch Eingliederung der Walachei beginnt die Entstehung Großrumäniens.
Kronprinz Carol von Rumänien läßt sich in Odessa heimlich trauen.

Der bulgarische Verbündete

Erste Anzeichen

17. Juni: In Bulgarien tritt die Regierung Radoslawoff zurück und wird durch die Regierung Malinoff ersetzt, die als *Entente*-freundlich gilt. Die Bulgaren sind u. a. auch darüber enttäuscht, daß man ihnen bisher die Dobrudscha vorenthalten hat.

Die alliierte Offensive

15. September: Nördlich Saloniki an der Cerna eröffnen Briten, Franzosen, Italiener, Serben und Griechen ihre Offensive gegen die alleinstehenden Bulgaren und brechen durch.
25. September: Die Serben besetzen Stip und Kocani.
26. September: Die Bulgaren bitten um einen Waffenstillstand.
29. September: Die Briten rücken in Strumica ein, die Franzosen in Üsküb.

Das Ende

29. September: In Saloniki unterzeichnen die Bulgaren den Waffenstillstand, der sie zwingt, alle Eroberungen seit 1915 herauszugeben, ihre Armee sofort auf Friedensstärke zu brin-

gen, ihre Verbündeten zum Abzug zu bewegen und die Besetzung ihres Landes hinzunehmen. Damit ist der Balkan für die *Mittelmächte* verloren, die Verbindung zur Türkei abgeschnitten.
4. Oktober: Zar Ferdinand von Bulgarien wird von meuternden Truppen gezwungen abzudanken, er geht nach Coburg ins Exil. Sein Nachfolger wird sein ältester Sohn Boris.

Der kranke Mann vom Bosporus

Schauplatz Jerusalem

Im Frühjahr halten die türkischen Truppen noch die Front nordöstlich von Jerusalem gegen die Briten.

Neues Personal

3. Juli: Mechmed VI. wird neuer Sultan der Türkei. Er entläßt den Großwesir Talaat Pascha und den Kriegsminister Enver Pascha.

Angriff aus dem Süden

19. September: Die Briten durchbrechen die Front zwischen Haifa und Jaffa, die Türken fluten zurück, das 3000 Mann starke deutsche Asien-Korps deckt den Rückzug.
21. September: Die Briten rücken in Nazareth ein.
23. September: Die türkische Regierung gibt ihre Ansprüche gegenüber Bulgarien an der Maritza auf.
2. Oktober: Die Briten erobern Damaskus.
6. Oktober: Die Briten erobern Beirut, woraufhin in Konstantinopel die türkische Regierung stürzt.
26. Oktober: Die Briten rücken in Aleppo ein.

Das Ende 27. Oktober: Großwesir Izzet sucht um einen Frieden nach.

31. Oktober: Die Türkei schließt einen Waffenstillstand, der die folgenden Bedingungen vorsieht:

Die Dardanellen und der Bosporus einschließlich Konstantinopel selbst werden von fremden Soldaten besetzt;

das türkische Heer wird sofort auf Friedensstärke gebracht;

die Türken räumen sofort Nordafrika, Arabien, Armenien, Syrien und Mesopotamien und brechen ihre Beziehungen zu den *Mittelmächten* ab;

an ihrer Südgrenze ziehen sie sich hinter den Bozanti zurück.

Damit ist das Osmanische Reich, seit Jahrhunderten eine Großmacht, erloschen.

13. November: Vor Konstantinopel ankert eine britisch-französische Flotte, ein britischer Admiral wird Oberkommissar über die Stadt.

Wie die Donau-Monarchie stirbt

Der große Streik 17. bis 20. Januar: Generalstreik in Österreich, durch den der Regierung Seidler ein neues Wahlrecht abgetrotzt wird.

Neue Ansichten 24. Januar: Ottokar Graf Czernin erklärt: »Wir sind nicht in der Lage, daß wir lieber heute einen schlechten Frieden schließen müssen als morgen einen guten.«

12. April: Graf Czernin ersucht sowohl Kaiser Karl als auch Kaiser Wilhelm II., Frieden um

nahezu jeden Preis zu suchen, da Österreichs Kraft am Ende ist:
»Ohne Zuschüsse von außen muß das Massensterben in wenigen Wochen einsetzen« (Czernin).

Die Stimmung

Kurz zuvor, im März, schreibt die *Wiener Arbeiterzeitung:*
»Mit Ausnahme jener lärmgierigen Clique unter den Deutschbürgerlichen ist die Begeisterung für den Krieg auf den Nullpunkt gesunken. Er hat in den Gefühlen der Massen nicht den geringsten Stützpunkt mehr; die Völker wollen nichts als den Frieden.«

Habsburgs Völker

10. April: In Rom findet ein Nationalitätenkongreß der Völker Österreich-Ungarns statt, auf dem diese Völker das Selbstbestimmungsrecht fordern.

Friedensfühler

2. April: Graf Czernin behauptet, der französische Ministerpräsident habe bei ihm angefragt, bevor die deutsche Offensive eröffnet worden sei, ob und unter welchen Bedingungen er zu Friedensverhandlungen bereit sei. Da die Franzosen auf der Rückgabe von Elsaß-Lothringen bestanden hätten, habe sich das Gespräch erübrigt.
6. April: Clémenceau bestreitet, daß er sich an Czernin mit der Frage nach Friedensverhandlungen gewandt habe.

Der Sixtus-Brief

12. April: Clémenceau veröffentlicht einen angeblichen Brief Kaiser Karls an dessen Schwager Prinz Sixtus von Bourbon-Parma, in dem es u. a. heißt:

Kaiser Karl I. von Österreich-Ungarn auf einer Inspektionsreise. Foto 1915, als er noch Thronfolger und Erzherzog war.

»Keine wirkliche Verschiedenheit der Ansichten oder Ansprüche trennt mein Reich von Frankreich; meine lebhaften Sympathien für Frankreich in Verbindung mit denen, die in der ganzen Monarchie herrschen, werden ganz und gar und auf immer die Rückkehr des Kriegszustandes verhindern. In Anbetracht dessen... bitte ich Dich, geheim und nichtamtlich Poincaré mitzuteilen, daß ich mit allen Mitteln und mit Aufwendung meines persönlichen Einflusses bei meinen Verbündeten die gerechten Ansprüche Frankreichs auf Elsaß-Lothringen unterstützen werde.«

Verrat?

Kaiser Karl dementiert die Echtheit dieses Briefes und behauptet, er habe geschrieben, er würde die Ansprüche Frankreichs unterstützen, wenn sie gerecht seien; das wären sie aber nicht. Er telegrafiert Wilhelm II.: »Ich kämpfe für Deine Provinzen genauso, als gelte es, meine eigenen Lande zu verteidigen. Keine Intrigen werden unsere Waffenbrüderschaft gefährden.«

14. April: Nach dem Rücktritt des Außenministers Graf Czernin wird wiederum Stephan Graf Burián ernannt, der schon einmal 1915/16 Außenminister war.

12. Mai: Kaiser Karl besucht das Große Hauptquartier in Spa, um Genugtuung zu geben. Seine Unterkunft erhält den Spitznamen *Villa Canossa.*

Die italienische Front

15. Juni: Eine österreichische Offensive über den Piave mißlingt, obwohl der Fluß bei San Dona überschritten und der Montello erstürmt wird. Gleichzeitig stößt eine weitere österreichische Armee unter Conrad v. Hötzendorf bei Asiago vor.

20. Juni: Unter dem Verlust von 50000 Mann wird die österreichische Armee wieder über den Piave zurückgeführt. Conrad v. Hötzendorf wird seines Amtes enthoben.

30. Juni: Der italienische General Diaz erstürmt im Nachstoß beim Val di Sette Commune den Col di Rosso.

Ungarischer Admiral

Neuer Oberbefehlshaber der österreichisch-ungarischen Flotte wird der ungarische Konteradmiral Horthy de Nagybanya.

Gegen den Vielvölkerstaat

17. August: In Laibach (Ljubljana) treffen sich zum erstenmal alle slawischen Völker der Habsburger Monarchie und beschließen eine

Nachdem die Fronten im Osten und Süden zusammengebrochen sind, setzen sich viele Soldaten der Vielvölkermonarchie in ihre Heimat ab.

Zusammenarbeit der Slawen, einschließlich der Polen, die sich hier zum erstenmal von der Idee lossagen, weiterhin unter der Habsburger Krone zu verbleiben. Der Tscheche Klofatsch faßt das Ergebnis zusammen:
»Wir haben uns die Hände gereicht, und es wird niemandem gelingen, sie wieder auseinanderzureißen.«

Neue Friedensfühler

14. September: Der neue österreichische Außenminister Stephan Graf Burián ruft zu Friedensverhandlungen auf, erhält jedoch kein Echo.
4. Oktober: Österreich-Ungarn erklärt sich in einer Botschaft an die USA bereit, die 14 Punkte Wilsons anzunehmen.

Deutschösterreich

10. Oktober: Die deutschen Parteien Österreich-Ungarns schließen sich zusammen, um die deutschen Gebiete des Staates in ein gemeinsames Staatswesen hinüberzuretten.

Letzte Versuche

16. Oktober: Kaiser Karl verkündet seinen Völkern, daß sich Österreich-Ungarn in einen Bundesstaat umwandeln will:
»So möge unser Vaterland, gefestigt durch die Eintracht der Nationen, die es umschließt, als ein Land freier Völker aus den Stürmen des Krieges hervorgehen.«
Dieser Bundesstaat soll sich aus einem deutschen (9,6 Mill.), einem tschechischen (6,2 Mill.), einem ukrainischen (3,3 Mill.) und einem südslawischen Staat (2 Mill.) zusammensetzen.
21. Oktober: Unter dem Sozialdemokraten Seitz wird in Wien eine deutsche Nationalversammlung gebildet.
24. Oktober: Außenminister Burián wird entlassen, an seine Stelle tritt Graf Andrassy.

Alleingang

27. Oktober: Österreich-Ungarn bietet den USA an, einen Sonderfrieden ohne Rücksicht auf Deutschland zu schließen, nachdem es am Tag zuvor diese Absicht Deutschland mitgeteilt hat.

Der Waffenstillstand

30. Oktober: Karl Renner (SPÖ) übernimmt die Regierung, sein Außenminister ist Viktor Adler (SPÖ), der bis vor kurzem noch im Gefängnis saß.

30. Oktober: Kaiser Karl in einem Befehl an seine Völker:

»Die Nationalstaaten Österreichs und der südslawischen Länder werden sich eigene Armeen bilden.«

Auf der berühmten Wiener Ringstraße kommt es vor dem Parlament zu erregten Auseinandersetzungen zwischen Zivilisten und heimkehrenden Soldaten einerseits und Polizei andererseits.

30. Oktober: Österreich-Ungarn leitet Waffenstillstandsverhandlungen an der italienischen Front ein, die am 3. November abgeschlossen werden. Die Bedingungen sind ähnlich hart wie die für die Deutschen. Als Kaiser Karl die Waffenstillstandsbedingungen vorliest, sagt der Führer der österreichischen Sozialdemokraten, Viktor Adler:
»Wir haben diesen Krieg nicht erklärt. Es

mögen diejenigen den Waffenstillstand verantworten, die am Kriege schuld sind.«
Daraufhin antwortet Kaiser Karl:
»Ich habe den Krieg auch nicht erklärt.«

Bayern am Brenner

8. November: Bayerische Truppen besetzen den Brenner, um Bayern vor einem italienischen Angriff zu schützen, räumen jedoch am 10. November ihre Stellungen wieder.

Das Ende

11. November: Kaiser Karl verzichtet, »von unwandelbarer Liebe zu seinen Völkern erfüllt, um ihrer freien Entwicklung nicht seine Person als ein Hindernis entgegenzustellen«, auf seine Ämter und enthebt auch die Regierung Lammasch ihres Amtes, verzichtet jedoch nicht auf die Krone.
Gleichzeitig wird die österreichische Republik ausgerufen und zum Bestandteil der deutschen Republik erklärt. Vorher war es den Österreichern nicht gelungen, die Deutschböhmen ihrem Land anzuschließen, weil die Tschechen nicht auf die diesen gehörenden Gebiete verzichten wollten.

Nur noch Staub

Stefan Zweig, der Augenzeuge der Abfahrt Kaiser Karls ist:
»Jahrtausende bedarf es, um einen Staat zu bauen; in wenigen Stunden wird er zu Staub.«

Der weite Weg zum Frieden

das sollten Sie unbedingt wissen

8. Januar: Der amerikanische Präsident Wilson verkündet seine 14 Punkte für den Frieden.

28. Januar bis 3. Februar: Von Berlin aus breitet sich ein Generalstreik in der Rüstungsindustrie aus, die daraufhin in Zukunft stärker kontrolliert wird.

12. Februar: Wilson versichert, daß nicht an einen Straf-Frieden gedacht ist.

13. August: Ludendorff gibt zum erstenmal zu, daß der Krieg nicht mehr siegreich zu beenden ist.

September: Der Jahrgang 1900 wird eingezogen, vermag jedoch nicht mehr die Lücken zu schließen.

30. September: Reichskanzler Hertling tritt zurück.

1. Oktober: Ludendorff verlangt umgehend einen Waffenstillstand.

3. Oktober: Prinz Max von Baden wird neuer Reichskanzler.

4. Oktober: Der Reichskanzler bittet Wilson um einen Waffenstillstand. Der Abschluß

wird jedoch durch viele amerikanische Forderungen verzögert.
26. Oktober: Ludendorff tritt zurück.
3. November: Bei der Kriegsmarine in Kiel bricht die Revolution aus und breitet sich aus.
4. November: Die Alliierten haben ihr Friedensprogramm fertiggestellt, es sieht, entgegen den Zusicherungen Wilsons, eine Bestrafung Deutschlands vor.
8. November: König Ludwig III. von Bayern wird zur Abdankung gezwungen.
8. bis 11. November: Kaiser Wilhelm II. wird in einer mehrtägigen Auseinandersetzung zur Abdankung und Emigration nach Holland veranlaßt.
9. November: Prinz Max von Baden gibt das Amt des Reichskanzlers an Friedrich Ebert weiter.
11. November: Der Waffenstillstand tritt in Kraft, die Blockade aber, an der in diesem Jahr allein 300000 Deutsche sterben, bleibt bestehen.
12. November: Die neue Regierung erläßt eine Anzahl neuer Gesetze, die zum Teil einschneidende Reformen bringen.
17. Dezember: Nach dem geordneten Rückzug der deutschen Truppen besetzen die Alliierten rechtsrheinische Brückenköpfe.
19. Dezember: Die Wahl zur Nationalversammlung wird festgesetzt.
23. Dezember: Militär unter der Leitung von Gustav Noske schlägt Aufstände der Matrosen und radikaler Linker nieder.
30. Dezember: Beginn der Gründungsversammlung der KPD.

Wilsons 14 Punkte

8. Januar: In einer Botschaft an den Kongreß verkündet der amerikanische Präsident Woodrow Wilson 14 Punkte, die er dem künftigen Weltfrieden zugrunde legen möchte.

1. Ablehnung aller Geheimdiplomatie und -verträge;
2. vollkommene Freiheit der Seefahrt auf den Weltmeeren mit Ausnahme der durch internationale Verträge geschlossenen Wege;
3. möglichst weitgehender Abbau aller Handels- und Wirtschaftsschranken zwischen den Völkern;
4. größtmögliche Abrüstung;
5. Ausgleich der kolonialen Ansprüche unter Berücksichtigung der Wünsche der Kolonialbevölkerung;
6. Räumung Rußlands durch die *Mittelmächte* und ungehinderte Entwicklung Rußlands;
7. Räumung Frankreichs durch die *Mittelmächte* und Wiedererrichtung Belgiens;
8. Rückgabe Elsaß-Lothringens an Frankreich;
9. Berichtigung der italienischen Grenzen entsprechend den Nationalitäten der jeweiligen Bevölkerungen;
10. Selbstbestimmungsrecht für die Völker Österreich-Ungarns;
11. Räumung Rumäniens, Serbiens und Montenegros durch den *Viererbund,* ein Hafen für Serbien und freundschaftliche Regelung der Balkan-Probleme;
12. Selbstbestimmungsrecht für die Völker

des Osmanischen Reiches, freie Durchfahrt für Handelsschiffe durch die Dardanellen;
13. Bildung eines unabhängigen Polens, das alle geschlossenen polnischen Gebiete umfaßt und einen freien Zugang zum Meer hat;
14. Bildung eines Vereins der Nationen *(Völkerbund)* zur Garantierung der Unabhängigkeit und Unverletzlichkeit aller Nationen.

Keine Strafe

11. Februar: Wilson lehnt jede Friedensbedingung ab, die den Charakter einer Strafe hat.

Szenen aus der Monarchie

Kaiserliche Rede

Kaiser Wilhelm II. in einer Rede am 10. Februar:
»Es hat unser Herrgott entschieden mit unserm deutschen Volk noch etwas vor; deswegen hat er es in die Schule genommen; und ein jeder ernsthaft und klar Denkende unter euch wird mir zugeben, daß es notwendig war. ... Wir Deutsche, die wir noch Ideale haben, sollen für die Herbeiführung besserer Zeiten wirken; wir sollen kämpfen für Recht, Treue und Sittlichkeit. ... Wir sollen der Welt den Frieden bringen.«

Die Reichskanzler

Seit dem 25. Oktober 1917 ist Georg Hertling Reichskanzler, er tritt am 3. Oktober 1918 zurück und wird am 4. Oktober 1918 durch Prinz Max von Baden ersetzt, der seinerseits am 9. November zurücktritt und das Amt, ohne die notwendigen juristischen Schritte einzuhalten, an Friedrich Ebert weitergibt.

Die Außenminister

Außenminister ist anfangs Richard v. Kühlmann, sein Nachfolger, Paul v. Hintze, ist vom 9. Juli bis zum 3. Oktober im Amt, ihm folgt am 4. Oktober Wilhelm Solf (bis zum 13. Dezember) und (ab 20. Dezember) Ulrich v. Brockdorff-Rantzau.

Streik und Friede

»Kinder, so finde ich den Weg schon gar nicht!« (Zeichnung Th. Th. Heine.)

Der große Streik

28. Januar: In Berlin streiken 400 000 Arbeiter der Rüstungsindustrie und wählen über 400 Delegierte, die noch am gleichen Tag den *Arbeiterrat* Großberlin bildet.

Sie verlangen:
den sofortigen Frieden ohne Annexionen,
Hinzuziehung der Arbeitervertreter zu den Friedensverhandlungen,
bessere Lebensmittelversorgung,
Aufhebung des Belagerungszustandes,
Verzicht auf die militärische Aufsicht über die Betriebe.

Nr. 29. 35. Jahrg.

Bezugspreis:
Vierteljährl. 4,50 Mk., monatl. 1,50 Mk. frei ins Haus, vorauszahlbar. Einzelne Nummern 10 Pfg. Postbezug: Monatlich 1,50 Mk. Unter Kreuzband für Deutschland und Oesterreich-Ungarn 3,— Mk., für das übrige Ausland 4,50 Mk. monatlich. Versand ins Feld bei direkter Bestellung monatl. 1,50 Mk. Postbestellungen nehmen an Dänemark, Holland, Luxemburg, Schweden und die Schweiz. Eingetragen in die Post-Zeitungs-Preisliste.
Erscheint täglich.

Telegramm-Adresse:
„Sozialdemokrat Berlin".

Vorw

Berliner

Zentralorgan der sozialdemok

Redaktion: SW. 68, Lindenstraße 3.
Fernsprecher: Amt Moritzplatz, Nr. 151 90—151 97.

Dienstag, den 29

Die Forderungen

Im Auge behalten

In Berlin kommt es zu bürgerkriegsähnlichen Zuständen. 40 000 Arbeiter aus den Rüstungsbetrieben werden zwangsrekrutiert und erhalten in ihren Papieren den Vermerk B. 18 (= Berlin 1918), damit man sie in Zukunft besser im Auge behalten kann.

Der Streik wird geleitet von Otto Braun, Wilhelm Dittmann, Friedrich Ebert, Hugo Haase, Georg Ledebour und Philipp Scheidemann.

Bis zum 3. Februar befinden sich schließlich über 1,5 Mill. Arbeiter im Ausstand. Auch in Essen, Hamburg, Kiel und anderen Städten werden Arbeiterräte gebildet.

ärts

10 Pfennig

Anzeigenpreis:

Die siebengespaltene Kolonelzeile kostet 60 Pfg. „Kleine Anzeigen“, das fettgedruckte Wort 20 Pfg. (zulässig 2 fettgedruckte Worte), jedes weitere Wort 10 Pfg. Stellengesuche und Schlafstellenanzeigen das erste Wort 10 Pfg., jedes weitere Wort 5 Pfg. Worte über 15 Buchstaben zählen für zwei Worte. Teuerungszuschlag 20%. Familien-Anzeigen 50 Pfg., politische u. gewerkschaftliche Vereins-Anzeigen 40 Pfg. die Zeile. Anzeigen für die nächste Nummer müssen bis 5 Uhr nachmitt. im Hauptgeschäft, Berlin SW. 68, Lindenstraße 3, abgegeben werden. Geöffnet von 8 Uhr früh bis 7 Uhr abends.

olksblatt.

tischen Partei Deutschlands.

Januar 1918. | Expedition: SW. 68, Lindenstraße 3. Fernsprecher: Amt Moritzplatz, Nr. 151 90–151 97.

der Arbeiter.

Militärische Kontrolle

Ludendorff empfiehlt, die Fabriken unter militärische Leitung zu stellen und warnt vor Lohnerhöhungen.
Auch die Werften in den Hansestädten werden unter militärische Aufsicht gestellt.

Rüstungsarbeiter

Bei Kriegsende arbeiten in der Rüstungsindustrie 2,4 Mill. Arbeiter, von denen fast die Hälfte kriegsverwendungsfähig sind. (Schon 1914 mußten 600000 Arbeiter vom Wehrdienst zurückgestellt werden, damit die Produktion gesteigert werden konnte.)
Bei der Firma Krupp in Essen arbeiten neben 175000 Arbeitern 50000 Frauen.
Im Vergleich zur Vorkriegszeit stieg der Anteil arbeitender Frauen auf 230%.

Kampf um das Wahlrecht

2. Mai: Der Reichstag lehnt eine Regierungsvorlage ab, die die Preisgabe fast jeder Schranke des Wahlrechts vorsieht. Hinter der Vorlage steht die Sozialdemokratie.
11. Juni: Die konservative Mehrheit des Reichstages verabschiedet ein neues Wahlrecht, das wiederum alle möglichen Sonderrechte vorsieht und von den Sozialdemokraten aufs entschiedendste bekämpft wird.

Das Branntweinmonopol

26. Juli: In Deutschland beansprucht zum erstenmal der Staat ein Monopol für Branntwein, um Quellen für zusätzliche Steuereinnahmen zu gewinnen. Das Gesetz soll am 1. Oktober 1919 in Kraft treten. Reiner Alkohol erfuhr zu Beginn des Krieges enorme Preissteigerungen. Das Gesetz sieht 800 Mark je hl vor, erwartet werden jährliche Einnahmen von 800 bis 850 Mill. Mark.

Der Jahrgang 1900

September: Der Jahrgang 1900 wird eingezogen und den Feldrekrutendepots überstellt.
Der Jahrgang umfaßt jedoch keine 250000 Köpfe.

Fehlbestand

Pro Monat genesen 60000 Soldaten in den Lazaretten. In der Industrie lassen sich mühselig höchstens 180000 Mann *auskämmen*. Der Ausfall pro Monat beläuft sich jedoch im Schnitt auf 160000 Mann. Daher rechnet man im Reich damit, daß ab Mai der Front nicht mehr genügend Soldaten zugeführt werden können und daß im Herbst bereits der Fehlbestand 0,5 Mill. Soldaten beträgt.

Scheidungen

Im Laufe des Krieges steigen die Scheidungen im Reich sprunghaft an. In diesem Jahr spricht allein ein einziges Berliner Amtsgericht innerhalb von 4 Monaten 700 Scheidungen aus.

Kronprinzliches

Der Kronprinz Rupprecht von Bayern verlobt sich mit Prinzessin Antonia von Luxemburg.
Kronprinz Georg von Sachsen verlobt sich mit Herzogin Marie-Amalie von Württemberg.

Begabtenförderung

Um hochbegabten Volksschülern den Übergang aufs Gymnasium zu ermöglichen, werden in Berlin spezielle Begabtenschulen eingeführt.
In Deutschland beginnt der Ausbau der Erwachsenenbildung durch Abendschulen und Volkshochschulen.

Der Hunger

Bilanz des Krieges

In diesem Jahr sterben im Reich an Unterernährung und an dadurch hervorgerufenen Krankheiten knapp 300000 Menschen, in erster Linie Säuglinge und Greise. Die Gesamtzahl der Opfer der Hungerblockade gegen das Reich wird auf 0,75 Mill. Menschen geschätzt.
Die Zahl der Tuberkulosekranken hat sich gegenüber der Vorkriegszeit etwa verdreifacht.

Lebensmittelkarten

Aufgrund der Lebensmittelkarten erhält jeder Deutsche nach stundenlangem, oft vergeblichem Anstehen täglich im Schnitt 116 g Mehl, 18 g Fleisch und 7 g Fett. (Vor dem Krieg ohne Marken: 320 g Mehl, 140 g Fleisch, 56 g Fett.) Der Durchschnittsdeutsche erhält täglich 1000 Kilokalorien, ernährungsphysiologisch notwendig sind jedoch 2300.

Preise

In Berlin kostet ein Pfund Butter 24 RM, ein Ei 1,50 RM.

Ein Bericht

27. Mai: Ein Polizist meldet aus dem Erzgebirge:
»Es herrscht hier aber auch eine Not, die ich mir nicht vorgestellt habe. In Ortschaften mit überwiegender Industriebevölkerung ist die Hungersnot. In 10 Tagen bekommen sie 1 kg Kartoffeln, das macht pro Tag 2 Kartoffeln, sehr wenig Brot, die Menschen verhungern langsam. Tatsächlich kommen Hungertodesfälle vor...«

Käuferschlange vor einem Bäckerladen. Versorgungsschwierigkeiten gibt es seit 1915. Im Kohlrübenwinter, 1917/18, bricht die Hungersnot aus.

Fletchern

In Hungerszeiten wird viel über das Essen nachgedacht. Da es kein Fleisch gibt, wird der Vegetarismus von den Ärzten für besonders gesund erachtet. In der Presse erscheinen lange Artikel über *Ernährungsmethoden*. Gefragt wird: »Wie sollen wir essen? Was sollen wir essen?« Den Hungernden wird unter diesen Umständen auch wieder die Lehre des Amerikaners Horace Fletcher nahegebracht, der darauf gekommen ist, daß jede Nahrung durch langes, sorgfältiges Kauen – das sogenannte *Fletchern* – viel besser ausgenutzt wird als bei dem allgemein üblichen hastigen Essen:
»Ziehe den guten Geschmack der Speisen im Munde aus ihnen heraus und verschlucke sie erst, wenn sie von selbst nach dem Schlunde abzufließen scheinen.«

Witze, die das Leben erleichtern

Witze machen zwar nicht satt, aber sie illustrieren in ihrer Fülle die bittere Situation am treffendsten.

Im Restaurant

»Herr Ober, das ist das erste Mal, daß ich hier bei Ihnen eine ordentliche Portion Fleisch kriege.«
»Herrgott noch mal, da hat Ihnen dieser Hornochse von Piccolo meine Portion gebracht!« –
»Herr Ober, können Sie mir nicht ein bißchen Futter für meinen Hund geben?«
»Bedaure, mein Herr, das Hundefutter ist für die Stammgäste reserviert.« –

Kein Unterschied

Wirtin: »Wünschen der Herr morgens Kaffee, Tee oder Kakao?«

Der möblierte Herr: »Ganz, wie Sie es zu nennen belieben.« –

»Frau Wirtin, in meiner Butter ist ja eine Fliege!«

»Da irren Sie sich, mein Herr, das ist keine Fliege, sondern eine Motte, und das ist auch keine Butter, sondern Kunsthonig.«

O Natur!

»Nein, wie entzückend ist das hier! Hier ist man wirklich weit weg von der Welt!« – »Gar so abg'leg'n san mir fei net – mir wiss'n scho', was Sö für 'n Butta zahl'n müass'n!« (Zeichnung E. Thöny.)

Kriegsküchen, hier in Mannheim, geben im Kriegswinter 1917/18 Kohlrüben in jeglicher Form an die hungernde Bevölkerung aus. Die Blockade der Briten hat vollen Erfolg.

Nahe der Wahrheit

Der Besitzer eines großen Hotels hat ein großes Quantum Fleischbrühe bestellt. Die Lieferung verzögert sich. Da ruft er beim Fabrikanten an und sagt zum Scherz:

»Reden Sie mir nur nicht von Schwierigkeiten bei der Materialbeschaffung, eine Wasserleitung haben Sie ja schließlich in Ihrer Fabrik.«

»Ja, glauben Sie«, antwortet daraufhin der Fabrikant, »daß ich den Farbstoff auf der Straße finde?«

Warten lohnt

»Vor 2 Stunden bin ich schon mal hier vorbeigekommen, und da hast du auf dem genau gleichen Fleck gestanden«, sagt ein Herr zu einem kleinen Jungen.
»Ick bin Horchposten.«
»Horchposten, wieso denn?«
»Ick horche, bis die Glucke gackert, denn hol' ick det Ei weg.«

Verfehlte Werbung

Ein Mann, der Straßenbahn fährt, spuckt plötzlich geräuschvoll auf den Boden. Der Schaffner brüllt ihn an:
»Sie, was fällt Ihnen ein! Können Sie nicht lesen? Hier steht doch groß und deutlich geschrieben: Spucken verboten!«
Darauf antwortet der Mann ganz ruhig:
»Ach was! Da steht viel geschrieben, was niemand was angeht. Z. B. dort: *Trinken Sie van Houten Kakao!* Wo gibt's denn hier noch Kakao?«

Zauberei

»Sehen Sie mal, der Zauberkünstler läßt einen Kanarienvogel verschwinden!«
»Das ist noch gar nichts. Mir ist neulich auf dem Postweg ein Paket mit 10 Pfund Butter abhanden gekommen.« –
»Ach, Frau Müller, sagen Sie mir doch im Vertrauen, wo Sie die prachtvollen Eier her haben?«
»Unter uns gesagt, Frau Lehmann, von den Hühnern.«

Ablenkungsmanöver

»Ihr Herr Gemahl ist nach einem Gebirgskurort gefahren? Was fehlt ihm denn?«
»Kaffee, Kognak und Zigarren.« –
»Na, wie war's im *Othello*?«

»Weiß nicht genau. Neben mir hat einer dauernd Schinkenstullen gegessen, da hab' ich dauernd hinschauen müssen.« –

Kindermund

»Vergrößert deine Brille, Oma?«
»Ja, natürlich, warum?«
»Dann nimm sie bitte ab, wenn du mir 'ne Stulle machst.« –
Unserem kleinen Willi habe ich die Geschichte vom Schlaraffenland erzählt. Der kleine Kerl denkt, nachdem ich sie beendet habe, eine Weile nach, dann fragt er:
»Du, Vati, sind wir mit den Schlaraffen gut?«

Der Kriegsgewinnler – ein Zeitgenosse

Anstandsregeln für den Schieber

»Reichtum verpflichtet!!
Du brauchst nicht gleich ein Kavalier zu sein, wenn Du Dich nur wie ein feiner Mann kleidest.
Dann mußt Du Dich standesgemäß einrichten. Folge nicht den Ratschlägen der Architekten, sondern nur dem eigenen Geschmack.
Es gilt, öffentlich zu zeigen, daß Du es zu was gebracht hast. Wenn Du mit Deiner Gattin zum Rennen fährst, muß es nach was aussehen.
Einen Teil Deines Vermögens lege in Ringen an; 6 bis 8 bringst Du leicht an jeder Hand unter.
Bei der Bestellung im Restaurant verlange immer nur *vom Besten.* Nenne keine Namen! Sonst kann es Dir passieren, daß Du auf die Frage des Kellners, welchen Likör Du willst,

»Siehst du, Kind, kein Glück ist vollkommen: früher hab' ich keine Austern essen können, weil sie mir zu teuer waren, und jetzt kann ich keine essen, weil sie mir zu billig sind!«
(Zeichnung O. Gulbransson.)

Gorgonzola antwortest, und Deine Frau Dich mit der Erklärung zurechtweist, daß Gorgonzola kein Likör, sondern der berühmte Romandichter sei.

Nur bei einer Gelegenheit kannst Du vergessen, daß Du ein feiner Mann bist: Mußt Du zur Steuerbehörde gehen, dann zieh Dich wie früher an!«

Not macht erfinderisch – Ersatzmaterialien

Der Vorrat an Rohstoffen für Textilien geht zur Neige, es werden Ersatzstoffe aus Papier angeboten.

Kaffee

»Sag mal, Mariechen, was ist denn das mit dem neuen Kaffee-Ersatz, der schmeckt ja beinahe wie Mehlbrei.«
»Aber Schatz, das ist doch der neue Tee-Ersatz.« –
Oberst bei der Morgeninspektion:
»Habt ihr über irgend etwas zu klagen?«
»Jawohl, Herr Oberst, wollen Herr Oberst das hier kosten?«
»Das – das ist die beste Suppe, die ich je gegessen habe.«
»Aber das nennt der Koch Kaffee!« –
»Hallo, Meier, was machen Sie denn da?«
»Ich? Ich sammle Maikäfer, röste se und verkoof se als Kaffee-Ersatz.«

Tabak

»Sagen Sie mir bitte, warum um alles in der Welt heißt diese scheußliche Zigarre Pour le mérite?«
»Is doch ganz einfach: Pour le mérite mit Eichenlaub.« (Pour le mérite = Orden, mit Eichenlaub = höhere Ordensstufe) –
»He! Sie, Herr, können Sie nich lesen? Tabakrauchen ist hier verboten.«
»Ick rooch jar keen Tabak, ick rooche Hopfenblätter.«

Alkohol

»Ich bin ein strenger Gegner des Alkohols.«
»Na, was trinken Sie denn da?«
»Kriegsbier.«

Kriegswalpurgisnacht

»Warum ist denn die Babett' nicht dabei?«
»Die hat Bezugsschein für 'n Besen gekriegt.«
(Zeichnung Karl Arnold.)

Fleisch

»Wie hat Ihnen unser Gemüse-Beefsteak geschmeckt?«
»Oh, einfach grasartig!« –
»Wie schmeckt dir die falsche Rindslende aus meinem neuen Kriegskochbuch?«
»Ganz gut! Mich wundert nur, daß dein neues Kriegskochbuch noch einen Ledereinband hat.«

Schuhe

Ein Schuhmacher, der sich dem Tode nahe fühlt, ruft seinen einzigen Sohn ans Krankenlager und sagt:

»Mein lieber Sohn, ehe ich dahingehe, möchte ich dir noch ein großes Geheimnis verraten. Komm ganz nah ran, damit mich niemand hört: Man kann auch aus Leder Sohlen machen!« –

»Herr Pummel, warum kommen Sie nicht mehr zur Tanzstunde?«

»Ach, ich habe nur noch Kriegsstiefel, gnädiges Fräulein, und Menuett mit Holzpantinen hört sich nicht schön an.« –

»Wissen Sie, unter uns gesagt, meine Frau ist ein Genie!«

»Wieso?«

»Denken Sie nur, neulich wollte Sie eine Torte backen und da hat sie ganz zufällig einen prima Sohlenledererersatz gefunden.«

Metalle

»Wissen Se, meine Frau hat ein silbernes Lachen, eine eiserne Gesundheit, ein goldenes Herz und nen bleiernen Schlaf. Da könnt ich se eigentlich zur Metallsammelstelle bringen.«

Bloß Wellblech

»Maxe, 1813 war aber auch ne eiserne Zeit.«

»Ne, gegen heute war das aber bloß Wellblech.«

Rechte Seite:
Auch Haare werden als Ersatz für fehlende Rohstoffe gesammelt.

§ 5.
Ueber die Durchführung der Enteignung ergeht besondere Anordnung.
§ 6.
Verstöße gegen diese Ausführungsbestimmungen werden nach Maßgabe der Bekanntmachung des Oberkommandos vom 12. Juli 1916 bestraft.
Berlin, den 29. September 1916.
Magistrat der Königl. Haupt- und Residenzstadt.
Haare
werden als wichtiger Rohstoff
für Heereszwecke
dringend benötigt.
Es ist deshalb vaterländische Pflicht jeder Deutschen Frau und jedes Deutschen Mädchens, alle ausgegangenen u. ausgekämmten oder abgeschnittenen Haare sorgfältig zu sammeln und gegen Bezahlung des amtlich höchstzulässigen Preises, bis zu
2 Mark für 100 Gramm
abzuliefern an die
Amtliche Ankaufstelle
Haar-Spezial-Haus Wörner
Nürnberg, Breite Gasse 74
Druck von Max Volk, München, Frauenstr. 20

Was knapp ist, wird teuer

Energie

»Wünschen gnädige Frau ein Thermometer nach Celsius oder nach Reaumur?«
»Wo ist denn da der Unterschied?«
»Tja, nach Celsius kocht das Wasser bei 100 ° und nach Reaumur nach 80 °.«
»Da geben Sie mir lieber eins nach Reaumur, jetzt, wo Gas und Kohlen so teuer geworden sind.«

Schokolade

»Weshalb ist denn dieser schokoladenfarbene Stoff, den ich voriges Jahr bei Ihnen gekauft habe, jetzt so unverhältnismäßig teuer geworden?«

»Bedenken gnädige Frau doch, um wieviel die Schokolade seit vorigem Jahr im Preis gestiegen ist!«

Zeit ist Geld

»Gleich, der Herr, das Essen kommt sofort.«

»Gut, gut, ich möchte nämlich essen, bevor die Preise wieder steigen.« –

»Hier, armer Mann, haben Sie 5 Pfennig!«

»Entschuldigen Sie, darf ich vielleicht um eine kleine Teuerungszulage bitten?«

Der Frieden rückt näher

Erste Fühler

30. Januar: Friedensfühler der *Mittelmächte* (Deutsches Reich und Österreich-Ungarn) werden auf einer Beratung der westlichen Alliierten zurückgewiesen.

Ludendorff gibt auf

13. August: Der Generalquartiermeister Erich v. Ludendorff erklärt anläßlich einer Beratung im Großen Hauptquartier zu Spa in Belgien gegenüber dem Reichskanzler Graf Hertling und dem Außenminister v. Hintze, daß die Oberste Heeresleitung nicht mehr imstande ist, den Feind durch militärische Aktionen zu einem Frieden zu veranlassen. Seiner Ansicht nach muß nun der Krieg mit den Mitteln der Diplomatie beendet werden. Hindenburg schließt sich in etwa dieser Beurteilung an. Hertling will jedoch abwarten, bis die gegnerische Offensive zum Stillstand gekommen ist, dann sollen Spanien oder die Niederlande um Vermittlung gebeten werden.

Mangel überall

14. August: Der deutsche Außenminister v. Hintze:

»Je länger der Krieg dauert, desto mehr vermindert sich in den Zentralmächten der Bestand an Menschen, Rohstoffen und Fabrikaten, während die Alliierten in allen 3 Punkten auf Vermehrung rechnen.«

Der neue Mann

22. August: Zum Jubiläum der badischen Verfassung hält Prinz Max von Baden eine vielbeachtete Rede über Demokratie, Menschenveredelung und -verbrüderung.

Hertling tritt zurück

30. September: Reichskanzler Graf Hertling tritt zurück, da er ein schrankenloses parlamentarisches System nicht einführen mag. Der Kaiser zur Entlassung Hertlings: »Ich wünsche, daß das deutsche Volk wirksamer als bisher an der Bestimmung der Geschicke des Vaterlandes mitarbeite.«

Unter Druck

1. Oktober: Ludendorff telegrafiert an die Regierung, daß er aus militärischen Gründen eine umgehende Friedenserklärung fordern muß.

Das deutsche Heer hat in den letzten 4 Monaten 420000 Mann durch Tod und Verwundung verloren, 340000 bis 360000 durch Gefangenschaft. Zwar sind gut 1000 Batterien verlorengegangen, aber allein im September wurden über 1100 neue Geschütze ausgeliefert. Rohstoffe für die Rüstung sind noch etwa für 2 Jahre in ausreichender Menge vorhanden. Doch der Bestand der Kompanien, der im Juli noch 120 Mann betrug, ist auf 50 Mann zurückgegangen. 23 Divisionen sind aufgelöst, die Reservedivisionen sind von 78 auf 17 geschrumpft, davon sind nur noch 2 frisch.

Anschaulich

Die Situation im 5. Kriegsjahr:
»Feldwebel, der Musketier Schmidt soll zu mir kommen!«
»Zu Befehl, Herr Major. Meinen Herr Major den Vater, den Sohn oder den Großvater Schmidt?«

Der Offenbarungseid

2. Oktober: Major Freiherr v. d. Bussche erklärt in Berlin namens der Obersten Heeres-

leitung, daß das Heer noch in der Lage ist, den Feind monatelang hinzuhalten, aber nicht mehr, ihn niederzuringen. Jeder Tag kostet daher nun sinnlose Opfer. Vor den Fraktionsführern des Reichstages:
»... mußte die Oberste Heeresleitung den ungeheuer schweren Entschluß fassen, zu erklären, daß nach menschlichem Ermessen keine Aussicht mehr besteht, dem Feinde den Frieden abzuzwingen.«

Der Garant

3. Oktober: Generalfeldmarschall Paul v. Hindenburg bestätigt persönlich in Berlin die Aussagen seines Emissärs. In einem Brief an den Reichskanzler:
»Unter diesen Umständen ist es geboten, den Kampf abzubrechen, um dem deutschen Volke und seinen Verbündeten nutzlose Opfer zu ersparen. Jeder versäumte Tag kostet Tausenden von Soldaten das Leben.«

Nervenzusammenbruch

Über die Wirkung dieser Erklärung schreibt der Journalist Erich Dombrowski:
»Wir sind jahrelang von den Militärs belogen worden, und wir haben 4 Jahre daran geglaubt wie an ein Evangelium! Die ganze Nation ... machte einen Nervenzusammenbruch durch.«

Prinz Max von Baden

3. Oktober: Prinz Max von Baden übernimmt die Regierungsgeschäfte und bildet eine Regierung aus den 3 Parteien, die seit dem 19. Juli 1917 zusammenarbeiten; aus den Sozialdemokraten, der fortschrittlichen Volkspartei und dem Zentrum. Unter den Sozialdemokraten befindet sich Philipp Scheidemann,

Prinz Max von Baden wird am 3. Oktober Reichskanzler, leitet die Waffenstillstandsverhandlungen ein und übergibt am 9. November, nachdem er Kaiser Wilhelm II. zum Rücktritt gezwungen hat, das Amt formlos an den SPD-Führer Friedrich Ebert.

unter den Volksparteilern Friedrich Payer und Conrad Haußmann, unter den Zentrumsmitgliedern Adolf Gröber und Matthias Erzberger.

Die Friedensbitte

4./5. Oktober: Prinz Max von Baden bittet in einer Note an die USA um Waffenstillstand auf der Grundlage der 14 Punkte:
»Um weiteres Blutvergießen zu vermeiden, sucht die deutsche Regierung den sofortigen Abschluß eines Waffenstillstandes zu Wasser, zu Lande und in der Luft herbeizuführen.«
5. Oktober: Prinz Max von Baden erklärt sich vor dem Reichstag bereit, einen erträglichen Frieden anzunehmen oder auf Leben und Tod zu kämpfen.

Eine Rückfrage

8. Oktober: Die USA fragen zurück, ob Deutschland die 14 Punkte bedingungslos annimmt, so daß nur noch die Details zu klären bleiben, oder ob die Annahme nur für die derzeitige Regierung gilt. Ein Waffenstillstand ist außerdem erst möglich, wenn alle besetzten Gebiete geräumt sind.

Eine Bestätigung

12. Oktober: Deutschland erklärt, daß nur noch die Einzelheiten zu regeln sind, daß es, genauso wie Österreich-Ungarn, die besetzten Gebiete räumen wird und daß die Regierung im Namen der Mehrheit des Reichstages spricht.

Die Ablehnung

14. Oktober: Die USA lehnen einen Waffenstillstand ab, solange der U-Boot-Krieg nicht eingestellt wird und der Kaiser nicht zurücktritt. Der U-Boot-Krieg wird daraufhin eingestellt.

Der Kaiser wird entmachtet

20. Oktober: Um die Monarchie gegenüber den amerikanischen Forderungen zu retten, bestimmt der Reichstag, daß jede Kriegserklärung seiner Zustimmung bedarf und der Reichskanzler in seiner Amtsführung der Zustimmung des Reichstags.

Weitere Bedingungen

23. Oktober: Diese gesetzlichen Maßnahmen reichen den USA nicht aus. Nach deren Ansicht kann der König von Preußen immer noch die Regierung beaufsichtigen, außerdem wollen die Amerikaner nicht mit einem Monarchen verhandeln. Überdies soll Deutschland so weit abrüsten, daß es praktisch wehrlos ist.

Die Bestrafung wird beschlossen

23. Oktober bis 4. November: Der oberste Rat der *Entente* tagt, um über die Friedensbedingungen zu beraten. Marschall Foch wird zu einem Gutachten aufgefordert, weswegen er die 4 Heerführer zusammenruft: Philippe Pétain für Frankreich, Douglas Haig für Großbritannien, John J. Pershing für die USA und Gillain für Belgien (ist verhindert). Haig spricht zuerst und befürwortet einen milden Frieden, der die Deutschen nicht zum Widerstand reizt. Pétain befürwortet scharfe Strafbedingungen, Pershing schließt sich ihm an. Foch teilt dieses Ergebnis dem obersten Rat mit, wo Briten und Amerikaner sofort weitere Wünsche anmelden. Foch und der britische Premier Lloyd George plädieren für milde Bedingungen. Sie stoßen jedoch auf den Widerstand des französischen Premierministers Clémenceau, dem es gelingt, Wilsons 14 Punkte so weit umzubiegen, daß am 2. November ein Strafprogramm für den Waffenstillstand verabschiedet werden kann.

Ludendorff geht

26. Oktober: Der Generalquartiermeister des deutschen Heeres, Erich Ludendorff, wird in Ehren aus seinem Amt entlassen; sein Nachfolger wird General Wilhelm Groener, der 1914 bei der Mobilmachung das Eisenbahnwesen unter sich hatte und seit dem Herbst 1916 Leiter des Kriegsamtes, verantwortlich für die Rüstungsproduktion, ist.
Der Kaiser zum Abschied zu Ludendorff:
»Ich danke Ihnen, wenn Sie gehen. Sie erleichtern mir die Lage ungemein; ich werde versuchen, mir mit Hilfe der Sozialdemokraten ein neues Reich aufzubauen.«

Eine konstitutionelle Monarchie

27. Oktober: Die deutsche Regierung teilt den USA mit, daß nun sowohl die tatsächlichen als auch die verfassungsmäßigen Rechte bei ihr liegen.
28. Oktober: Kaiser Wilhelm II. verkündet in einem Erlaß, daß nunmehr die wesentlichen Rechte auf das Volk übergegangen sind und Deutschland demnach nur noch eine konstitutionelle Monarchie ist.

Der Kaiser soll zurücktreten

30. Oktober: Scheidemann schreibt im Namen der SPD einen Brief an den Reichskanzler, in dem es heißt:
»Aus diesem Grunde sehe ich mich gezwungen, nunmehr die Forderung, die in der Presse nicht mehr gestellt werden darf, im Kabinett

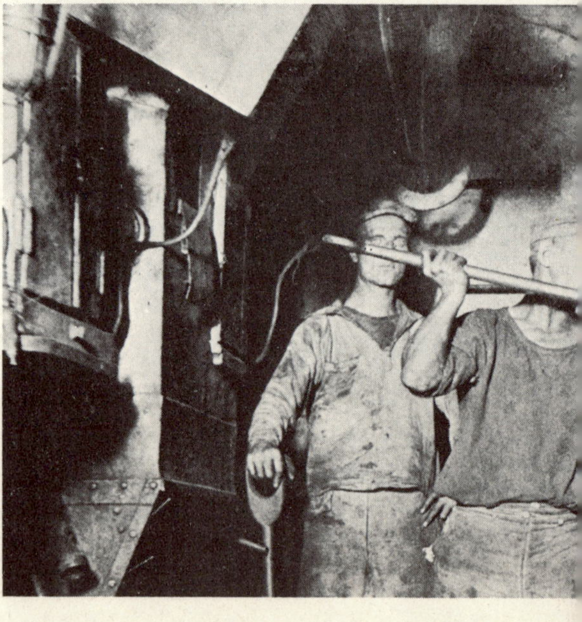

Als die Heizer in den Kesseln der deutschen Kriegsschiffe das Feuer löschen und daraufhin verhaftet werden, beginnt die Meuterei in Kiel. Die Heizer, »des Kaisers Kulis« (Plivier), haben bei einem Untergang eines Schiffes die geringsten Überlebenschancen.

zu stellen, nämlich diese: Die Herren Staatssekretäre möchten den Herrn Reichskanzler bitten, Seiner Majestät dem Kaiser zu empfehlen, freiwillig zurückzutreten.«

5. November: Die USA teilen Deutschland mit, daß ihre Verbündeten die 14 Punkte Wilsons angenommen haben.

Die Revolution bricht aus

Meuterei in Kiel

3. November: Als in Kiel das Gerücht umgeht, die Kriegsflotte solle in einer heroischen Todesfahrt geopfert werden, bricht eine Meuterei aus. 1000 zu hohen Zuchthausstrafen verurteilte Matrosen sollen befreit wer-

den, auf den Schiffen *Markgraf, Nassau, Oldenburg* und *Ostfriesland* wird die Rote Fahne gehißt. Die Meuterei greift sofort auf die anderen Hafenstädte über. Haußmann und Noske reisen nach Kiel, um im direkten Gespräch die Aufrührer zu befrieden.

4. November: In Stuttgart versammeln sich die Arbeiter der Daimler-Werke zu einer Großkundgebung.

An die Bevölkerung Münchens!

Das furchtbare Schicksal, das über das deutsche Volk hereingebrochen, hat zu einer elementaren Bewegung der Münchner Arbeiter und Soldaten geführt. Ein provisorischer Arbeiter-, Soldaten- und Bauernrat hat sich in der Nacht zum 8. November im Landtag konstituiert.

Bayern ist fortan ein Freistaat.

Eine Volksregierung, die von dem Vertrauen der Massen getragen wird, soll unverzüglich eingesetzt werden.

Eine konstituierende Nationalversammlung, zu der alle mündigen Männer und Frauen das Wahlrecht haben, wird so schnell wie möglich einberufen werden.

Eine neue Zeit hebt an!

Bayern will Deutschland für den Völkerbund rüsten.

Die demokratische und soziale Republik Bayern hat die moralische Kraft, für Deutschland einen Frieden zu erwirken, der es vor dem Schlimmsten bewahrt. Die jetzige Umwälzung war notwendig, um im letzten Augenblick durch die Selbstregierung des Volkes die Entwicklung der Zustände ohne allzuschwere Erschütterung zu ermöglichen, bevor die feindlichen Heere die Grenzen überfluten oder nach dem Waffenstillstand die demobilisierten deutschen Truppen das Chaos herbeiführen.

Der Arbeiter-, Soldaten- und Bauernrat wird strengste Ordnung sichern. Ausschreitungen werden rücksichtslos unterdrückt. Die Sicherheit der Person und des Eigentums wird verbürgt.

Die Soldaten in den Kasernen werden durch Soldatenräte sich selbst regieren und Disziplin aufrecht erhalten. Offiziere, die sich den Forderungen der veränderten Zeit nicht widersetzen, sollen unangetastet ihren Dienst versehen.

Wir rechnen auf die schaffende Mithilfe der gesamten Bevölkerung. Jeder Arbeiter an der neuen Freiheit ist willkommen! Alle Beamte bleiben in ihren Stellungen. Grundlegende soziale und politische Reformen werden unverzüglich ins Werk gesetzt.

Die Bauern verbürgen sich für die Versorgung der Städte mit Lebensmitteln. Der alte Gegensatz zwischen Land und Stadt wird verschwinden. Der Austausch der Lebensmittel wird rationell organisiert werden.

Revolution in München

7. November: In München versammeln sich die Massen auf der Theresienwiese und demonstrieren anschließend vor der Residenz.

8. November: In München wird die Republik ausgerufen und König Ludwig III. zur Flucht gezwungen. Ihm wird der Ausspruch nachgesagt:

»Es wäre besser, wenn die Kaiserkrone bei den Wittelsbachern wäre.«

Arbeiter, Bürger Münchens! Vertraut dem Großen und Gewaltigen, das in diesen schicksalschweren Tagen sich vorbereitet!

Helft alle mit, daß sich die unvermeidliche Umwandlung rasch, leicht und friedlich vollzieht.

In dieser Zeit des sinnlos wilden Mordens verabscheuen wir alles Blutvergießen. Jedes Menschenleben soll heilig sein.

Bewahrt die Ruhe und wirkt mit an dem Aufbau der neuen Welt!

Der Bruderkrieg der Sozialisten ist für Bayern beendet. Auf der revolutionären Grundlage, die jetzt gegeben ist, werden die Arbeitermassen zur Einheit zurückgeführt.

Es lebe die bayerische Republik!

Es lebe der Frieden!

Es lebe die schaffende Arbeit aller Werktätigen!

München, Landtag, in der Nacht zum 8. November 1918.

Der Rat der Arbeiter, Soldaten und Bauern:

Der erste Vorsitzende: **Kurt Eisner.**

Bekanntmachung. Zur Aufrechterhaltung der Ordnung und Sicherheit arbeitet von heute an das gesamte Polizei- und Sicherheitspersonal im Auftrag und unter Kontrolle des Arbeiter- und Soldatenrates.

Den Anordnungen dieser Organe ist unbedingt Folge zu leisten.

Erklärung des Münchner Polizeipräsidenten.

Ich verpflichte mich, bei der Ausübung des Sicherheitsdienstes den Anordnungen des Arbeiter- und Soldatenrates München Folge zu leisten. Sofern ich dieser Verpflichtung nicht nachkommen kann, muß ich mir das Recht des Rücktrittes vorbehalten.

München, 8. November 1918, morgens 1 Uhr.

K. Polizeipräsident: gez. v. Beckh.

Der Kaiser wird abgedankt

Zuerst Ablehnung 8. November: Kaiser Wilhelm II. lehnt die Aufforderung des Reichskanzlers Prinz Max von Baden ab, abzudanken.

Auch keine Regentschaft 9. November: Der Reichskanzler Prinz Max von Baden wird von Ebert, Scheidemann u. a. darüber unterrichtet, daß sie eine Regentschaft des Kaiserenkels (Prinz Wilhelm) nicht hinnehmen werden.

Abdankung des Kaisers / Thronverzicht des Kronprinzen

Einberufung einer verfassunggebenden deutschen Nationalversammlung

Die Uebermittlung der Waffenstillstandsbedingungen verzögert – Thronverzicht des Herzogs von Braunschweig – Ausbreitung der Anarchie in Ungarn

Abdankung des Kaisers

Eine deutsche Nationalversammlung

(Drahtbericht)

WTB. **Berlin, 9. November.** Amtlich. Der Kaiser und König hat sich entschlossen, dem Throne zu entsagen.

Der Reichskanzler bleibt noch so lange im Amte, bis die mit der Abdankung des Kaisers, dem Thronverzicht des Kronprinzen des Deutschen Reiches und von Preußen und der Einsetzung der Regentschaft verbundenen Fragen geregelt sind. Er beabsichtigt, dem Regenten die Ernennung des Abgeordneten Ebert zum Reichskanzler und die Vorlage eines Gesetzentwurfes wegen der sofortigen Ausschreibung allgemeiner Wahlen für eine verfassunggebende deutsche Nationalversammlung vorzuschlagen, der es obliegen würde, die künftige Staatsform des deutschen Volkes einschließlich der Volksteile, die ihren Eintritt in die Reichsgrenzen wünschen sollten, endgültig festzustellen.

Berlin, 9. November 1918.

Der Reichskanzler: Max, Prinz von Baden.

Die Über-rumpelung

9. November: Auf einer dramatischen Sitzung im Großen Hauptquartier in Spa, wo auch der Kaiser sich aufhält, legen Hindenburg und Groener und andere Offiziere dem Kaiser dar, wie aussichtslos die Lage ist. In die stundenlange Besprechung platzt eine Aufforderung des Reichskanzlers, daß die Monarchie nicht zu retten ist, wenn der Kaiser nicht sofort abdankt. Der Kaiser teilt daraufhin mit, daß er als Kaiser abdanken, aber König bleiben will. Daraufhin läßt der Reichskanzler kurzerhand die Abdankung des Kaisers veröffentlichen, ohne des weiteren darüber mit dem Kaiser zu sprechen. Der Kaiser fügt sich, um nicht den Anlaß zu weiteren Unruhen zu geben.

Reichskanzler Max von Baden gibt eigenmächtig bekannt:

»Der Kaiser und König hat sich entschlossen, dem Throne zu entsagen.«

Die Pflicht des Untertans

Innenminister Drews im Namen des Kabinetts im Großen Hauptquartier gegenüber dem Kaiser:

»Ich muß Worte sprechen, wie sie sonst ein Untertan seinem König gegenüber nicht sprechen darf... Aber der Minister ist dazu verpflichtet.«

General Groener

»Ich wünsche für den Kaiser ein heroisches Ende.«

»Der Kaiser muß an der Spitze der Truppen an die Front. Wenn er fällt, so ist dies das schönste Ende.«

In einem Vortrag vor dem Kaiser im Großen Hauptquartier:

»Das Heer wird unter seinen Führern und kommandierenden Generalen in Ruhe und Ordnung in die Heimat zurückmarschieren, aber nicht unter dem Befehl Eurer Majestät, denn es steht nicht mehr hinter Eurer Majestät.«
Zu der Forderung, die Revolution durch das Heer niederschlagen zu lassen:
»Feldgrau schießt nicht auf Feldgrau.«

Der bessere Frieden

Außenminister Solf in einer Diskussion mit Kaiser Wilhelm:
»Nach der letzten Note Wilsons hat das Volk das Gefühl, daß wir ohne den Kaiser einen besseren Frieden bekommen.«

Ab nach Holland

10. November: Der Kaiser sucht bei der holländischen Regierung um die Erlaubnis nach, einreisen zu dürfen.
11. November: Kaiser Wilhelm II. emigriert nach Holland.
23. November: Der Kronprinz emigriert ebenfalls nach Holland.
28. November: Die Kaiserin folgt Kaiser Wilhelm II. ins Exil nach.

Die endgültige Abdankung

28. November: Kaiser Wilhelm II. entsagt seinen Kronen und entbindet alle des auf ihn geleisteten Treueids.
5. Dezember: Der Kronprinz schließt sich dem Schritt seines Vaters an.

Rechte Seite:
Nachdem Reichskanzler Prinz Max von Baden die Abdankung Kaiser Wilhelms II. vollzogen hat, tritt der Kaiser selbst erst am 28. November zurück. Hier: die Abdankungserklärung.

Ich verzichte hierdurch für alle Zukunft auf die Rechte an der Krone Preussen und die damit verbundenen Rechte an der deutschen Kaiserkrone.

Zugleich entbinde ich alle Beamten des Deutschen Reiches und Preussens sowie alle Offiziere, Unteroffiziere und Mannschaften der Marine, des Preussischen Heeres und der Truppen der Bundeskontingente des Treueides, den sie Mir als ihrem Kaiser, König und Obersten Befehlshaber geleistet haben. Ich erwarte von ihnen, dass sie bis zur Neuordnung des Deutschen Reichs den Inhabern der tatsächlichen Gewalt in Deutschland helfen, das Deutsche Volk gegen die drohenden Gefahren der Anarchie, der Hungersnot und der Fremdherrschaft zu schützen.

Urkundlich unter Unserer Höchsteigenhändigen Unterschrift und beigedrucktem Kaiserlichen Insiegel.

Gegeben Amerongen, den 28. November 1918.

Wer den Schaden hat...

Weihnachtslied nach der Flucht des Kaisers:

Oh Tannenbaum, oh Tannenbaum,
der Kaiser hat in' Sack gehaun.
Er kauft sich einen Henkelmann
und fängt bei Krupp in Essen an.

Oh Tannenbaum, oh Tannenbaum,
der Kaiser hat in' Sack gehaun.
Er selber muß jetzt hamstern gehn
und seine Frau Granaten drehn.

Der Waffenstillstand

Im Wald von Compiègne

7. November: In den Wald von Compiègne, wo der Waffenstillstand abgeschlossen werden soll, reisen für das Militär General v. Winterfeldt und für die Politiker der Vertreter des Kanzlers, Staatssekretär Matthias Erzberger. Am 9. November werden die Bedingungen nach Berlin übermittelt. Am 11. November 12 Uhr mittags soll der Waffenstillstand beginnen.
Hindenburgs Spruch auf den Weg für Erzberger:
»Reisen Sie mit Gott und suchen Sie das Beste für unser Vaterland herauszuholen.«

Die Bedingungen

Binnen 14 Tagen soll Deutschland Frankreich, Belgien und Elsaß-Lothringen räumen, ebenso im Osten die nach dem 1. August 1914 besetzten Gebiete, diese jedoch ohne Terminsetzung;
binnen 30 Tagen das linke Rheinufer;
abzuliefern sind: 5000 Geschütze, 30000

MGs, 3000 Minenwerfer, 2000 Flugzeuge, 100 U-Boote, 6 Schlachtschiffe, 8 leichte Kreuzer, 5000 Lokomotiven, 150000 Waggons, 5000 Autos;
das rechte Rheinufer ist in 10 km Tiefe zu neutralisieren;
die Friedensschlüsse von Brest-Litowsk und Bukarest werden annulliert;
Ostafrika ist aufzugeben.

Die Blockade bleibt

In Artikel XXVI des Waffenstillstandes heißt es:
»Die Blockade im gegenwärtigen Umfang bleibt bestehen.«

Dank-gottesdienst

11. November: Der britische Premier Lloyd George gibt im Unterhaus den Waffenstillstand bekannt und sagt dazu:
»Heute morgen endete der grausamste und fürchterlichste Krieg, der je die Menschheit zerfleischte. Ich hoffe, daß an diesem Morgen der letzte aller Kriege zu Ende ging. Es ist jetzt keine Zeit für Reden, unsere Herzen sind voller Dankbarkeit, für die es keine Worte gibt.
Ich beantrage daher sofort die Vertagung des Hauses, damit wir jetzt in der Kirche Gott unsern Dank für die Errettung aus großer Gefahr darbringen.«

Keine Strafaktion

15. November: Der amerikanische Präsident Woodrow Wilson definiert, daß er von Deutschland die bloße Wiedergutmachung aller in Belgien angerichteten Schäden erwartet, nicht aber Wiedergutmachung im Sinne einer Strafaktion.

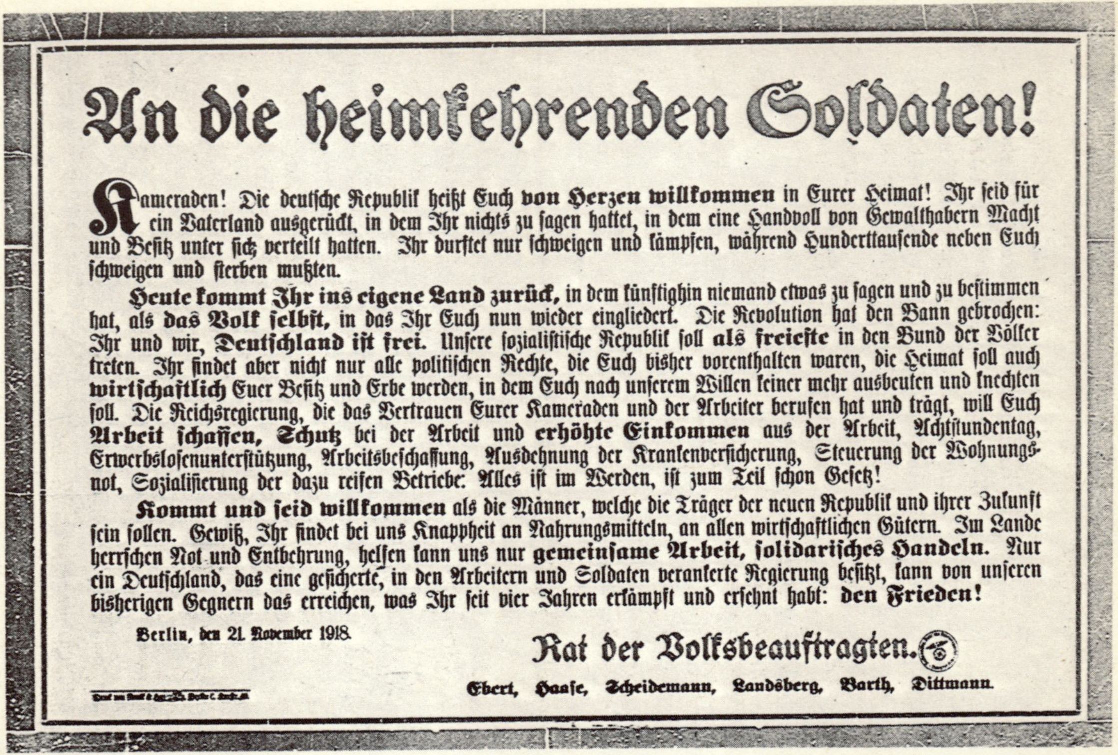

An die heimkehrenden Soldaten!

Kameraden! Die deutsche Republik heißt Euch **von Herzen willkommen** in Eurer Heimat! Ihr seid für ein Vaterland ausgerückt, in dem Ihr nichts zu sagen hattet, in dem eine Handvoll von Gewalthabern Macht und Besitz unter sich verteilt hatten. Ihr durftet nur schweigen und kämpfen, während Hunderttausende neben Euch schweigen und sterben mußten.

Heute kommt Ihr ins eigene Land zurück, in dem künftighin niemand etwas zu sagen und zu bestimmen hat, als **das Volk selbst,** in das Ihr Euch nun wieder eingliedert. Die Revolution hat den Bann gebrochen: Ihr und wir, **Deutschland ist frei.** Unsere sozialistische Republik soll **als freieste** in den Bund der Völker treten. Ihr findet aber nicht nur alle politischen Rechte, die Euch bisher vorenthalten waren, die Heimat soll auch **wirtschaftlich** Euer Besitz und Erbe werden, in dem Euch nach unserem Willen keiner mehr ausbeuten und knechten soll. Die Reichsregierung, die das Vertrauen Eurer Kameraden und der Arbeiter berufen hat und trägt, will Euch **Arbeit schaffen, Schutz** bei der Arbeit und **erhöhte Einkommen** aus der Arbeit, Achtstundentag, Erwerbslosenunterstützung, Arbeitsbeschaffung, Ausdehnung der Krankenversicherung, Steuerung der Wohnungsnot, Sozialisierung der dazu reifen Betriebe. Alles ist im Werden, ist zum Teil schon Gesetz!

Kommt und seid willkommen als die Männer, welche die Träger der neuen Republik und ihrer Zukunft sein sollen. Gewiß, Ihr findet bei uns Knappheit an Nahrungsmitteln, an allen wirtschaftlichen Gütern. Im Lande herrschen Not und Entbehrung, helfen kann uns nur **gemeinsame Arbeit, solidarisches Handeln.** Nur ein Deutschland, das eine gesicherte, in den Arbeitern und Soldaten verankerte Regierung besitzt, kann von unseren bisherigen Gegnern das erreichen, was Ihr seit vier Jahren erkämpft und ersehnt habt: **den Frieden!**

Berlin, den 21. November 1918.

Rat der Volksbeauftragten.

Ebert, Haase, Scheidemann, Landsberg, Barth, Dittmann.

Weitere Verhandlungen

10. Dezember: Carl Bosch von der BASF erhält folgendes Telegramm:
»Es ist erforderlich, daß Vertreter der wirtschaftlichen Interessen Deutschlands sich zur Teilnahme an den Waffenstillstandsverhandlungen nach Spa begeben. Ich bitte Sie dringend, schleunigst nach dorthin abzureisen, wo Ihnen das weitere mitgeteilt werden wird. Dieses Telegramm gilt auch zugleich als Ausweis beim Überschreiten der Grenze. Drahtantwort erbeten.
Waffenstillstandskommission und Auswärtiges Amt.
Unterschrift: v. Stockhammer.«
Bosch fährt tatsächlich Mitte des Monats nach Spa.

Links: Aufruf der neuen Regierung aus je 3 Mitgliedern der SPD und der USPD, die sich Rat der Volksbeauftragten nennt.

»Im Felde unbesiegt!«

Der Rückmarsch

3 Mill. an der Front stehender deutscher Soldaten müssen zur schlechten Jahreszeit über wenige Heerstraßen nach Deutschland zurückmarschieren. Jede dieser Straßen ist daher mit 5 bis 10 Divisionen und deren gewaltigem Troß belegt. Trotzdem gelingt fast überall ein rechtzeitiger, geordneter Rückzug.

Der Empfang

Dort werden die Soldaten oft wie Sieger empfangen:

Willkommen, Brüder! Ruhmreich, kampfer-
[fahren
Kehrt Ihr zurück, laßt stolz die Fahnen wehn!
Wir neigen uns vor Euch und vor den Scharen
Der Toten, die Euch stumm zur Seite gehn!

Die Besetzung des Rheinlandes

Elsaß-Lothringen wird französisch

11. November: Der Reichskanzler erklärt Elsaß-Lothringen zu einem autonomen Gebiet innerhalb des Reiches. Gleichzeitig vereinnahmt jedoch Frankreich durch Gesetz Elsaß-Lothringen.

19. November: Die französische Armee zieht in Metz ein.

22. November: Die französische Armee zieht in Straßburg ein.

Französische Soldaten blicken nach der Besetzung des Rheinlandes auf das Deutsche Eck bei Koblenz, wo die Mosel in den Rhein mündet.

Die Wacht am Rhein

1. Dezember: Die alliierten Streitkräfte marschieren in Deutschland ein.
9. Dezember: Die alliierten Streitkräfte erreichen den Rhein, die französischen Regimenter tauchen ihre Fahnen in den Fluß.

Brückenköpfe

13. Dezember: Die Alliierten überschreiten den Rhein.
17. Dezember: Die Alliierten haben bei Mainz, Koblenz und Köln 3 Brückenköpfe mit einem Radius von je 30 km gebildet.

Deutschland wird Republik

Ebert wird Reichskanzler

Nach der Abdankung des Kaisers ernennt Prinz Max von Baden den Führer der SPD, Friedrich Ebert, eigenmächtig zu seinem Nachfolger. Der Prinz zu Ebert bei seinem Abschied:

»Herr Ebert, ich lege Ihnen das Deutsche Reich ans Herz!«

Daraufhin Ebert:

»Ich habe 2 Söhne für dieses Reich verloren.«

Rechte Seite: Ruhe ist die erste Bürgerpflicht! Eberts Wiederholung des berühmten Berliner Aufrufes von 1806 nach dem Verlust der Schlachten gegen Napoleon.

Derweilen ruft Karl Liebknecht vom Berliner Schloß die sozialistische Republik aus:

»Das Alte ist nicht mehr, die Herrschaft der Hohenzollern, die in diesem Schloß jahrhundertelang gewohnt haben, ist vorüber. In dieser Stunde proklamieren wir die freie sozialistische Republik Deutschland.«

Daraufhin ergreift Philipp Scheidemann (SPD) spontan die Initiative und ruft, um Liebknecht zuvorzukommen, von der Empore des Reichstages aus die deutsche Republik aus:

»Der Kaiser hat abgedankt. Er und seine Freunde sind verschwunden. Über sie alle hat das Volk auf der ganzen Linie gesiegt.«

Die neue Regierung

10. November: Durch ein Abkommen der beiden großen Linksparteien wird eine neue deutsche Regierung gebildet, die sich *Rat der Volksbeauftragten* nennt, aus je 3 Mitgliedern der SPD und der USPD besteht und die erklärt, für ganz Deutschland zu sprechen und die oberste Regierungsgewalt innezuhaben.

Kundgebung
des
neuen Reichskanzlers Ebert

Mahnung
zur
Ruhe und Ordnung!

Mitbürger! Der bisherige Reichskanzler, Prinz Max von Baden, hat mir unter Zustimmung sämtlicher Staatssekretäre die Wahrnehmung der Geschäfte des Reichskanzlers übertragen. Ich bin im Begriffe, die neue Regierung im Einvernehmen mit den Parteien zu bilden und werde über das Ergebnis der Öffentlichkeit in Kürze berichten. Die neue Regierung wird eine Volksregierung sein. Ihr Bestreben wird sein müssen, dem deutschen Volke den Frieden schnellstens zu bringen und die Freiheit, die es errungen hat, zu befestigen. Mitbürger! Ich bitte Euch alle um Eure Unterstützung bei der schweren Arbeit, die unserer harrt. Ihr wißt, wie schwer der Krieg die Ernährung des Volkes, die erste Voraussetzung des politischen Lebens, bedroht. Die politische Umwälzung darf die Ernährung der Bevölkerung nicht stören, es muß erste Pflicht aller in Stadt und Land bleiben, die Produktion von Nahrungsmitteln und ihre Zufuhr in die Städte nicht zu verhindern, sondern zu fördern. Nahrungsmittelnot bedeutet Plünderung und Not mit Elend für Alle. Die Ärmsten würden am schwersten leiden, die Industriearbeiter am bittersten betroffen werden. Wer sich an Nahrungsmitteln oder sonstigen Bedarfsgegenständen oder an den für ihre Verteilung benötigten Verkehrsmitteln vergreift, versündigt sich auf das Schwerste an der Gesamtheit. Mitbürger! Ich bitte Euch alle dringend, verlaßt die Straßen! Sorgt für Ruhe und Ordnung.

Berlin, den 9. November 1918.

Der Reichskanzler
Ebert.

Abb. unten: Nachdem aufgrund der revolutionären Vorgänge in Berlin die Mitglieder der radikalen linken USPD am 20. Dezember ausgeschieden sind, bildet sich der Rat der Volksbeauftragten neu. Von links nach rechts: Landsberg, Scheidemann, Noske, Ebert und Wissel.

Am 10. November wählt die Vollversammlung der Berliner Arbeiter- und Soldatenräte im Zirkus Busch die neue republikanische Regierung, die Rat der Volksbeauftragten genannt wird. Von links: Emil Barth (USPD), Otto Landsberg (SPD), Friedrich Ebert (SPD), Hugo Haase (USPD), Wilhelm Dittmann (USPD) und Philipp Scheidemann (SPD).

Hindenburg

10. November: Generalfeldmarschall v. Hindenburg stellt sich im Auftrag der Obersten Heeresleitung der neuen Republik zur Verfügung.

Erste Maßnahmen

12. November: Die neue Regierung hebt den Belagerungszustand auf, erläßt völlige Vereins- und Pressefreiheit, eine Amnestie, beseitigt die Gesindeordnung und die Vorschriften für Landarbeiter, verkündet den 8stündigen Arbeitstag, sichert den Schutz des Eigentums zu, führt das Wahlrecht für alle Staatsbürger ab vollendetem 20. Lebensjahr ein und ordnet die Wahl einer verfassunggebenden Nationalversammlung an.

Berliner

Nr. 625
47. Jahrgang

und Handels-

Blutige Zusamm

Demonstrationen der Spartacus-Leute.

Die amtliche Darstellung.

Die Verhaftung des Vollzugsrats. — Der blutige Zusammenstoß.

Berlin, 6. Dezember. (W. T. B.)

Bedauerliche Vorgänge haben sich am heutigen Spätnachmittag in Berlin ereignet. Im Abgeordnetenhause erschien ein größerer Trupp Soldaten mit Maschinengewehren und Flammenwerfern, jeder Mann mit 50 scharfen Patronen ausgerüstet, besetzten angeblich im Auftrage der Regierung Ebert-Haase die Ausgänge und verwehrten unter gleichzeitiger Vornahme einer Durchsuchung der Räume den Mitgliedern des Vollzugsrates das Verlassen des Gebäudes. Als sich später herausstellte, daß man die Namen Ebert-Haase mißbraucht halte, zogen dic Soldaten sofort wieder ab.

Nicht so glücklich ging es in der Chaussee- und Invalidenstraße sowie am Stettiner Bahnhof ab.

Eine Arbeitslosenversammlung in den Germania-Prachtsälen hat sich nach Schluß derselben zu einem Umzug auf die Straße begeben. Als die Teilnehmer sich der Chaussee- und Invalidenstraße näherten, wurde plötzlich aus den Häusern mit Maschinengewehren auf sie geschossen, wodurch leider 11 Personen getötet und eine Anzahl anderer Leute verletzt worden sind. Die Schießerei setzte sich bis zum Stettiner Bahnhof fort, wo neben mehreren Verwundeten 2 Tote zu beklagen sind.

Endlich hatte sich am Molkenmarkt eine große Menschenmenge angesammelt, die sich aber später, ohne daß es zu Ausschreitungen gekommen war, wieder zerstreute.

Von welcher Seite diese verbrecherischen Handlungen ausgegangen sind, konnte bisher nicht festgestellt werden.

Tageblatt

Zeitung

Sonnabend
7. Dezember 1918

…enstöße in Berlin.

— Zahlreiche Tote und Verwundete.

Polizeipräsident Eichhorn begab sich gegen 8 Uhr abends im Auto nach der Gegend des Stettiner Bahnhofs und machte dann eine Rundfahrt auch durch andere Stadtteile, um sich von der Situation ein Bild zu machen.

* * *

Ein weiterer vom Wolffschen Telegraphenbureau ausgegebener Bericht über die Vorgänge lautet:

Berlin, 6. Dezember.

Ueber die Zusammenstöße in der Chausseestraße und Invalidenstraße wird uns noch folgendes gemeldet: In den Germaniasälen hatten sich Kriegsbeschädigte, Urlauber und Arbeitslose, ferner wohl auch einige Frontsoldaten zu einer Kundgebung versammelt und wollten einen Soldatenrat wählen. Nachdem sechs Redner gesprochen hatten, zogen die Teilnehmer in der Richtung auf den Lehrter Bahnhof ab. Unterwegs wurden die völlig Unbewaffneten durch Truppen der Gardefüsiliere — es war etwa gegen 6 Uhr — zerstreut. Ein zweiter Zug, der aus den Sophiensälen kam, nahm seinen Weg durch die Friedrichstraße nach der Chausseestraße. Auf der Kreuzung der Invalidenstraße traten ihnen die Maikäfer (Gardefüsiliere) entgegen und riefen ihnen zu: „Auseinandergehen!" Als sich die Demonstranten weigerten und ihre Kameraden darauf aufmerksam machten, daß sie völlig unbewaffnet seien, fielen plötzlich einige Schüsse, die das Signal zu einer allgemeinen Schießerei waren. Bisher sind 16 Tote und 15 Verwundete, darunter 12 Schwerverwundete, festgestellt worden. Der ganze Vorgang ist auf einen Befehl des Generalkommandos der Gardetruppen zurückzuführen. Das Generalkommando hatte an die Füsilierkaserne den Befehl gegeben: „Mannschaften alarmbereit auf die Straße gehen und Demonstranten von Germania- und Sophiensälen zerstreuen."

Positive Erfahrungen

18. November: Der Soziologe Max Weber schreibt über seine Erfahrungen in diesen Tagen:

»Woran man sich freut, ist die schlichte Sachlichkeit der einfachen Leute von den Gewerkschaften, auch vieler Soldaten, z. B. im hiesigen *Arbeiter- und Soldatenrat,* dem ich zugeteilt bin. Sie haben ihre Sache ganz vorzüglich und ohne alles Gerede gemacht, das muß ich sagen.«

Viele heimkehrende Frontsoldaten liefern ihre Waffen sofort ab, um nicht in den Verdacht zu geraten, (auf der jeweils falschen Seite) an den revolutionären Auseinandersetzungen teilgenommen zu haben. Sie werden dazu auch mitunter von ihren Frauen angehalten. Hier: Alexander-Kaserne in Berlin.

Kein Einheitsstaat

23. November: Die *Staatenkonferenz* lehnt das von Hugo Preuß entworfene Programm für einen deutschen Einheitsstaat ab.

Der Soldatenrat

26. November: Der *Soldatenrat* der Obersten Heeresleitung, an deren Spitze nach wie vor Generalfeldmarschall Paul v. Hindenburg steht, erklärt sich gegen Terror und »gegen die erbärmlichen und gewissenlosen Versuche, das Reich zu zerreißen und durch

Schwärmer und Gewaltmenschen Heimat und Volk in den Abgrund zu stürzen«.

Wahlordnung

29. November: Der *Rat der Volksbeauftragten* beschließt eine Wahlordnung für die zu wählende deutsche Nationalversammlung.

Königlicher Separatismus

3. Dezember: König Ludwig III. von Bayern wird bezichtigt, in den letzten Tagen seiner Herrschaft einen südwestdeutschen Rheinbund und ein katholisches süddeutsches Reich unter Einschluß Deutsch-Österreichs geplant zu haben.

Rheinische Bestrebungen

4. Dezember: In Köln findet eine Kundgebung für eine *Rheinische Republik* im Rahmen des Deutschen Reiches statt, an der Zentrumspolitiker wie Carl Trimborn und Konrad Adenauer teilnehmen.
12. Dezember: Der *Rat der Volksbeauftragten* spricht sich gegen die Gründung einer Rheinischen Republik aus.

Bemühungen um Ordnung

12. Dezember: Die Verfassungskommission liefert den ersten Entwurf für eine neue deutsche Verfassung ab.
Der *Rat der Volksbeauftragten* spricht sich gegen eine Einmischung der *Arbeiter- und Soldatenräte* in die Pressefreiheit, die Lebensmittelversorgung und die Rechtspflege aus.

Der Leichenmüller

19. Dezember: In Berlin tritt ein *Zentralrat der Arbeiter- und Soldatenräte Deutschlands* zusammen, der recht unregelmäßig zustande gekommen ist.

Im Reichstagsgebäude tagt der Sicherheitsausschuß des Berliner Soldatenrates.

Der Zentralrat setzt gegen den Widerstand der radikalen Linken und gegen seinen eigenen Vorsitzenden Richard Müller *(Leichenmüller)* die Wahl für die deutsche Nationalversammlung auf den 19. Januar 1919 fest. Müller:
»Nur über meine Leiche geht der Weg der deutschen Nationalversammlung.«

Auflösung...

Ein Mitglied der Berliner Kommandantur:
»Das Schiebertum hatte Hochkonjunktur. Waffen, Munition, Bekleidungsstücke, kurzum jegliches Heeresgut war Freiwild... Berlin lebte, tanzte und feierte. Dazwischen Tag und Nacht sinnloses Schießen, teils aus Freude, teils aus Angst...«

Nr. 40 — Jahrgang 1918 | Mittwoch, 25. Dezember 1918 | Preis 10 Pfg.

Die Rote Fahne

Zentralorgan des Spartakusbundes

Redaktion: Berlin SW 48, Wilhelmstr. 114 II. Fernspr.: Amt Kurfürst 3334 u. 3335. Expedition: Berlin SW 68, Friedrichstraße 217 II. Fernspr.: Amt Lützow 5735. Nacht-Auslieferung: Möckernstr. 144, Erdgeschoß (am Anhalter Bahnhof).

Schriftleitung: Karl Liebknecht und Rosa Luxemburg

Abonnementspreis für Inland monatlich 1.50 M. Ausland monatlich 3.00 M. Anzeigenpreis: die 7gespaltene Nonpareille-Zeile 75 Pf. Kleine Anzeigen: Ueberschriftswort 30 Pf., jedes weitere Wort 15 Pf.

Eberts Blutweihnacht.

Matrosen haben nicht kapituliert. — Halten Schloß und Marstall besetzt. — Sicherheitsmannschaften und Teil der Soldatenwehr kämpfen auf Seite der Matrosen. — Teil Ebert'scher Truppen fraternisiert. — Feindliche Truppen meist entwaffnet. — Ultimatum von 10 Minuten. — Artillerie beschießt Schloß und Marstall. — Infanterie und Kavallerie stürmen. — Bewaffnete Arbeitermassen eilen zu Hilfe. — 70 Opfer. — Schloß und Marstall von den Matrosen behauptet. — Ebert-Scheidemann die Schuldigen. — Neue Ebert-Truppen im Anmarsch. — Matrosen klären sie auf. — Berliner Vollzugsrat vermittelt. — Wels abgesetzt.

...und Zerfall

Stefan Großmann, ein bekannter Journalist, beschreibt eine Sitzung des Arbeiter- und Soldatenrates:
»In einem Fraktionszimmer tagte ein *Rat der geistigen Arbeiter.* Seine Haupttätigkeit bestand darin, Leute, die nicht würdig waren, an den Beratungen teilzunehmen, auszuschließen. Es ging immer unbeschreiblich aufgeregt zu, die Stimmen überschrien sich, und einer verachtete den anderen.«

Utopien

Der revolutionäre Schriftsteller Gustav Landauer schreibt:
»Die Revolution wird bringen, was der Krieg nicht im entferntesten gebracht hat... Genialität in Wort und Tat, Schwung und Feuer, glühendes und inniges Leben, Erfüllung der Augenblicke wie mit Jahrhunderten geschichtlichen Lebens.«

Die neue Republik gegen Revolution

23. Dezember: Militär schlägt Aufstände der Matrosen und der radikalen Linken nieder. Der sozialdemokratische Politiker Gustav Noske übernimmt die Aufgabe, die Revolution niederzuschlagen.
Noske: »Einer muß der Bluthund sein.«
Daraus bildet der Volksmund die Variationen:
»Schweinehunde, Bluthunde, Noskehunde.«

Die Freikorps kommen auf

Zwischen Heiratsanzeigen, Immobilienangeboten und Reklame finden sich Inserate wie z. B.:
»Freiwillige kommt zum GKSCH-Korps! Hohe Löhnung, gute Verpflegung. Werbezentrale...«

»Sanitätskompanie v. Lettow braucht dringend zum sofortigen Eintritt 2 Sanitätsoffiziere, 1 Zahlmeister, Sanitätsunteroffiziere, Krankenträger, Trainfahrer, und Pferdepfleger.«
Franz Seldte gründet den monarchistisch orientierten *Stahlhelm*-Bund.

Fern der Realität

Der neue bayerische Ministerprädisent Kurt Eisner dichtet eine Nationalhymne:

Die Garde-Ulanen-Kaserne in Berlin wird an den Arbeiter- und Soldatenrat übergeben.

Wir werben im Sterben
Um ferne Gestirne.
Sie blinken im Sinken
Und Stürzen in Nacht.
Wir schwören zu hören
Den Rufern der Freiheit.

Wir schirmen in Stürmen
Die heiligen Höhn.
Die Menschheit gesunde
In schaffendem Bunde,
Das neue Reich ersteht.
O Welt, werde froh!
Welt, werde froh!

Resumée eines Zeugen

Winston Churchill schreibt zu den Ergebnissen der Revolution:

»Auf welche Weise hätte denn das Abschlachten von 10 Mill. Menschen und die Vernichtung eines Drittels aller Ersparnisse der größten Nationen zu einem goldenen Zeitalter führen können?«

Und über das Ende des Krieges schreibt er:

»Das Drama war alle seine 5 Akte hindurch zu Ende gespielt, die historische Beleuchtung wird abgedreht, die Weltbühne verdunkelt sich, die Schauspieler treten ab, der Chor verschwindet in der Versenkung. Der Krieg der Titanen ist zu Ende. Das Gezänk der Pygmäen hat begonnen.«

Soldaten haben das Berliner Schloß besetzt.

Internationale Politik

das sollten Sie unbedingt wissen

18. Januar: Die Bolschewiki sprengen die Verfassunggebende Nationalversammlung in Petrograd (Leningrad), da sie anders keine Mehrheit gewinnen können.

19. Februar: Mexiko nationalisiert als erster Staat der Welt seine Ölfelder.

23. Februar: Die Rote Armee wird gegründet, deren Chef am 13. März Trotzki wird.

4. März: Die Polen setzen eine Revision ihrer Grenze gegen die Ukraine durch.

Mai: Die Völker des Kaukasus fallen von Rußland ab und machen sich selbständig.

Vom Frühjahr an tobt in ganz Rußland ein Bürgerkrieg zwischen Weißrussen, Invasoren und den Minderheiten auf der einen Seite und den Roten auf der anderen.

17. Juli: In Rußland wird die Zarenfamilie ermordet.

16. Oktober: Ungarn löst sich von Österreich ab.

28. Oktober: Der tschechische Nationalrat kontrolliert Prag.

Zwei Männer, ein Deutscher und ein Amerikaner haben es verstanden, die Ursachen der Unbesiegbarkeit und der Stoßkraft der deutschen Heere in zwei Büchern darzulegen und zu begründen. Diese Bücher heißen:

Der deutsche Soldat Zeugnisse v. seinem wahren Wesen von J. Klein. Mit 8 Bildtafeln. Geb. 3.30

Mit den deutschen Heeren

Mit 12 Schlachtplänen. Kriegsberichte eines Amerikaners von Edw. Emerson. Preis geheftet 2.—

Durch alle Buchhandl. oder v. F. Hanfstaengl, München I

JUNGHANS
JUNGHANS
12
1
2
3
4
5
6
7
8
9

LAST- UND PERSONEN-
NSU
KRAFTWAGEN ALLER ART
NECKARSULMER
FAHRZEUGWERKE A·G
NECKARSULM

14. November: Pilsudski wird Diktator Polens.
16. November: Ungarn wird Republik.
November: Die Tschechen besetzen Deutschböhmen.
1. Dezember: Südslawien wird ein selbständiges Königreich.
1. Dezember: Island wird ein selbständiger Staat.
In Dänemark ziehen die ersten weiblichen Abgeordneten ins Parlament ein.

Großbritannien

Lord William Beaverbrook, Inhaber mehrerer britischer konservativer Zeitungen, z. B. des *Daily Express,* wird Propagandaminister. Unter seiner Leitung erfährt der Hetzkrieg gegen Deutschland bisher ungeahnte Dimensionen.
Die nationalistische irische *Sinn Fein*-Partei gewinnt von den 103 irischen Sitzen im britischen Unterhaus 75.
Juli: In Großbritannien machen die Frauen 37% der arbeitenden Bevölkerung aus. Im Verkehrswesen sind es 12%, in der Industrie 35%, im Staatsdienst 45%, im Gemeindedienst 52% und im Handel und Finanzwesen 53%.
In Großbritannien erhalten die Frauen über 30 Jahren sowohl das aktive als auch das passive Wahlrecht.
Obwohl die konservative Partei in Großbritannien die Mehrheit erringt, bleibt Lloyd George (liberal) Premierminister.

13. November: Großbritannien und Frankreich grenzen ihre Interessengebiete in Rußland gegeneinander ab.
2./3. Dezember: Lloyd George und Clémenceau legen ihre Absichten für die Friedenskonferenz fest: Das irakische Ölfeld bei Mossul wird für Großbritannien vorgesehen, dafür wird Großbritannien den französischen Wünschen im Saar- und Rheinland stärker entgegenkommen.

Polen entsteht neu

Gegen ukrainische Ansprüche

4. März: Die Polen erhalten von allen Unterzeichnern des Friedens von Brest-Litowsk mit der Ukraine die Zusicherung, daß die endgültige Fixierung ihrer Ostgrenze auch weiter östlich denkbar ist und unter Teilnahme von Polen vorgenommen wird.
6. März: Die Vertreter Polens nennen die Abtretung des Cholmer Bezirks an die Ukraine die 4. Teilung Polens, im preußischen Abgeordnetenhaus sprechen sie von einem »schmachvollen Ereignis«, einen Tag darauf versagen sie der österreichischen Regierung Seidler ihre Zustimmung zum Staatshaushalt (der aber auch ohne sie eine Mehrheit findet).

Folgen in Wien

22. Juli: Die Polen versprechen den Österreichern, den Zusammenhalt der Monarchie gegenüber den anderen slawischen Völkern zu verteidigen und erreichen dadurch den Sturz der Regierung Seidler, die in Brest-Litowsk den Ukrainern Zugeständnisse auf Kosten der

Polen gemacht hat. An Seidlers Stelle tritt Max Hussarek v. Heinlein.

Pilsudski 14. November: Der von den Deutschen kontrollierte Regentschaftsrat für Polen tritt ab und überträgt Josef Pilsudski die Regierungsgeschäfte. Pilsudski legt sich diktatorische Vollmachten zu.

Eroberungen 23. November: Im Kampf gegen die neugeschaffene Ukraine erobern die Polen Lemberg.

27./28. Dezember: Polen erobert Posen, es gelingt ihm jedoch nicht, Westpreußen und den Netze-Distrikt zu besetzen.

Die Tschechoslowakei entsteht

Einschließlich der Slowaken 8. Januar: Tschechische Politiker, darunter begnadigte Hochverräter, fordern in Prag einen tschechischen Nationalstaat unter Einschluß der Slowaken in Nordungarn *(Tschechoslowakei).* Einen Bundesstaat gleichberechtigter österreichischer Nationen auf der Grundlage des *böhmischen Staatsrechts* lehnen sie ab.

30. Mai: Im Vertrag von Pittsburgh sichert Thomas G. Masaryk den Slowaken Autonomie im tschechoslowakischen Staat zu. (Das Versprechen wird später nicht eingehalten.)

Anerkennung 3 . Juni: Frankreich und Italien erkennen die tschechische Exilregierung an, Großbritannien folgt am 13. August, die USA am 3. September.

14. Oktober: In Paris wird ein tschechischer Nationalrat gebildet, mit Masaryk als Präsident und Eduard Beneš als Außenminister.
18. Oktober: Präsident Wilson erkennt den tschechischen Nationalrat offiziell an.
28. Oktober: Der tschechische Nationalrat erhält die militärische Gewalt über Prag.

Nordböhmen wird tschechisch

Mitte November: Tschechische Truppen besetzen die deutschen Gebiete Nordböhmens.
11. Dezember: Die deutschböhmische Regierung emigriert nach Zittau.
22. Dezember: Der tschechische Präsident Masaryk erklärt, daß Deutschböhmen ein Teil der Tschechoslowakei bleiben soll.

Ungarn löst sich ab

16. Oktober: Aufgrund des Manifests von Kaiser Karl erklärt sich Ungarn für selbständig und nur noch in Personalunion mit Österreich verbunden.
30. Oktober: Erzherzog Joseph vereidigt als *homo regius* einen neuen ungarischen Ministerpräsidenten, den Grafen Haddik.
31. Oktober: Nachdem Graf Haddik gleich wieder gestürzt ist, leistet Graf Michael Karolyi dem *homo regius* den Treueid.
1. November: Karolyi läßt sich von seinem Eid wieder entbinden. Gleichzeitig wird der stärkste Fürsprecher der Habsburger Monarchie, Graf Stephan Tisza, ermordet.
16. November: In Ungarn wird die Republik ausgerufen.

Südslawien wird begründet

5. Oktober: Die Südslawen bilden in Agram (Zagreb) einen Nationalausschuß, um einen selbständigen Staat zu bilden.
22. Oktober: In Fiume (Rijeka) meutert ein kroatisches Regiment und legt die südslawischen Farben an.
29. Oktober: Kroatien sagt sich von Ungarn los. Daraufhin tritt der ungarische Ministerpräsident Wekerle zurück.
29. November: Die montenegrinische Landesversammlung setzt König Nikita ab, um sich Südslawien anschließen zu können.
1. Dezember: Das Königreich der Serben, Kroaten und Slowenen wird proklamiert.

Das neutrale Europa

Schweiz

Bundespräsident der Schweiz ist in diesem Jahr Dr. Felix Calonder. Durch das neu eingeführte Verhältniswahlrecht verliert die Freisinnige Partei im Schweizer Nationalrat die absolute Mehrheit.
In der Schweiz scheitert ein von den Sozialdemokraten inspirierter *Landesstreik* am Widerstand der Bürger und Bauern.

Luxemburg

In der Luxemburger Kammer stimmt die Mehrheit für den Fortbestand des Großherzogtums, Großherzogin Charlotte ist regierende Fürstin.

Die Niederlande

In den Niederlanden kommt eine rechte Koalition an die Regierung.

Dänemark Im neu gewählten dänischen Parlament sind zum erstenmal weibliche Abgeordnete vertreten. Die erste Abgeordnete, die im dänischen Parlament eine Rede hält, ist Elna Munch, die zugleich Frau des Kriegsministers ist.

Island 1. Dezember: Island wird ein selbständiger Staat, bleibt jedoch in Personalunion mit Dänemark verbunden.

Rußland – kurz nach der Oktober-Revolution

Ein Staatsstreich Januar: Der III. Allrussische Sowjetkongreß findet statt.
5. Januar: Konstituierende Versammlung.
18. Januar: In St. Petersburg (Leningrad) tritt die *Sobranje* (verfassunggebende Nationalversammlung) zusammen. Die Bolschewiki erringen darin nicht die Mehrheit. Sie treten daher aus, verurteilen die angeblich bourgeoisen Vertreter und den überlebten Parlamentarismus und lassen die Versammlung durch Kronstädter Matrosen sprengen.

Große Reformen 1. Februar: Rußland übernimmt den Gregorianischen Kalender.
Anfang Februar: Die Bolschewiki erkennen das Recht auf Eigentum an Grund und Boden nur noch denen zu, die ihn mit eigener Hand bearbeiten. Damit sind – nach dem Zaren – auch Kirche und Adel enteignet.
Fernerhin trennen sie Kirche und Staat, die Geistlichen erhalten kein Gehalt mehr, der Religionsunterricht als Pflichtfach wird abge-

schafft, den Kirchen verbleiben nur noch die geistlich genutzten Gebäude und die Kultgegenstände, allerdings auch nicht als Eigentum, sondern nur zur »kostenlosen Benützung«.

Trotzki wird Chef der Roten Armee

23. Februar: Die Rote Armee wird gegründet.

6.–8. März: VII. Kongreß der Bolschewistischen Partei, deren Name in Russische Bolschewistische Partei geändert wird (Bolschewiki).

13. März: Leo Trotzki wird zum Volkskommissar für das Kriegswesen bestellt und anschließend zum Vorsitzenden des Revolutionären Kriegsrates.

Die Gegenrevolution beginnt

Frühjahr: Es bildet sich eine *weißrussische* Armee aus ehemaligen Offizieren und bürgerlichen Soldaten der alten aufgelösten zaristischen Armee, die von den Randgebieten Rußlands aus beginnt, die Bolschewisten zu bekämpfen.

Personalentscheidungen

3. April: Auf dem XI. Parteitag werden die folgenden Personen zu Mitgliedern des Politbüros und des Präsidiums der Partei ernannt: Lew B. Kamenjew, Wladimir I. Lenin, Alexej I. Rykow, Grigorij J. Sinowjew, Josif W. Stalin, Michail P. Tomski, Leo D. Trotzki; und zu Kandidaten: Nikolai I. Bucharin, Michail I. Kalinin, Valerian W. Kuibyschew, Wjatscheslaw M. Molotow.

Der Heilige Synod der russisch-orthodoxen Kirche wird aufgelöst, ihr Patriarch Tychon verhaftet.

Die Kaukasier fallen ab

11. Mai: Die Nordkaukasische Föderative Republik wird gegründet.
22. Mai: Georgien erklärt seine Unabhängigkeit.
26. Mai: Armenien erklärt seine Unabhängigkeit.
28. Mai: Aserbeidschan erklärt seine Unabhängigkeit.

Invasionen

Juni: Britische Truppen landen in Murmansk, Anfang August landen britische und französische Truppen in Archangelsk, die geplanten Offensiven werden jedoch nicht durchgeführt.
Juni: Tschechische Truppen, die sich im Abmarsch nach Wladiwostok befinden, verbünden sich mit den *weißrussischen* Truppen. Gemeinsam erobern sie am 8. August Kasan an der Wolga im europäischen Rußland.
Sommer: Der Prozeß gegen die Sozialrevolutionäre findet statt.
Sommer: Die Rote Armee ist zwar noch den weißrussischen Kräften unterlegen, ihr Organisator, Leo D. Trotzki, stellt jedoch langsam zumindest ein Gleichgewicht her.
Juli: Der V. Allrussische Sowjetkongreß wird abgehalten.

Der Zar wird ermordet

17. Juli: Zar Nikolai II. und seine Familie werden in Jekaterinburg ermordet.
19. Juli: Die Verfassung der RSFSR (= Russische Sozialistische Föderative Sowjetrepublik) wird verabschiedet.
August: An der Wolga kommt es zu der ersten Krise im Bürgerkrieg zwischen Weißen und Roten.

In Moskau wird eine 2. Staatsuniversität gegründet (die erste existiert seit 1755).
In Irkutsk/Sibirien wird eine Universität gegründet.
Der japanischen Invasionstruppe gelingt es in Sibirien nicht, über den Baikal-See hinaus nach Westen vorzudringen.

Trotzki contra Stalin

Oktober: Zwischen dem Vorsitzenden des Revolutionären Kriegsrates Trotzki und dem Politkommissar der Südfront Stalin kommt es zu einem Konflikt, als Stalin die Militärpolitik Trotzkis kritisiert. Lenin vermittelt zwischen den beiden Kontrahenten.
November: Der IV. Komintern-Kongreß wird abgehalten.

Sibirische Wirren

18. November: Die *weißrussische* Regierung in Omsk/Sibirien wird von Admiral Kolcak aufgelöst, der zum Staatsoberhaupt von Sibirien und Reichsverweser von ganz Rußland ernannt wird.

Jenseits der Ozeane

Asien

Der Jemen, der sich seit 1517 unter osmanischer Herrschaft befindet, wird selbständig (jetzt Nordjemen).
Großbritannien beschließt für Indien eine Reform, die Indien größere Selbstverwaltung bringen soll.
In Französisch-Indochina regen sich die ersten nationalen Bestrebungen.
An der Universität Peking bilden sich marxistische Zirkel.

China beginnt mit der Besetzung der Äußeren Mongolei.
Ein Versuch der Chinesen, Tibet zu erobern, scheitert.

Amerika

19. Februar: Mexiko nationalisiert gegen den erbitterten Widerstand der USA und der katholischen Kirche seine Ölfelder.
5. November: Bei Wahlen zum Repräsentantenhaus verlieren die Demokraten des Präsidenten Wilson ihre Mehrheit (231 Republikaner, 195 Demokraten), wodurch die Stellung des Präsidenten sehr geschwächt wird.
Die USA greifen zum 3. Mal militärisch in Panama ein, um ihre wirtschaftlichen Interessen und die Kanalzone zu schützen (1908 und 1912 ebenfalls).

Wissenschaft und Technik, Kunst und Kultur

das sollten Sie unbedingt wissen

Die Nobelpreise für Physik und Chemie gehen an die Deutschen Max Planck und Fritz Haber.
Zwischen Washington und New York wird die erste Passagierfluglinie der Welt eingerichtet.
In Deutschland wird der Tonfilm entwickelt.
Gegen Kriegsende hin erleben Kunst und Kultur in aller Welt, besonders aber auch in Deutschland, eine großartige Steigerung und revolutionären Umschwung.
Im bolschewistischen Rußland erfahren die modernen Künste eine sprunghafte Entwicklung.
Die wichtigste neue Kunstrichtung in Deutschland am Kriegsende bringt wohl der Dadaismus.
Die beiden wichtigsten Neuerscheinungen des Jahres veröffentlichen die Gebrüder Mann, Heinrich Mann mit seinem Roman *Der Untertan,* Thomas Mann mit seinen *Betrachtungen eines Unpolitischen.*
Strawinskis *Geschichte vom Soldaten* wird uraufgeführt.

Nobelpreise

Für dieses Jahr werden nur 2 Preise verliehen, für Physik und Chemie.

Physik Max Planck, Professor für theoretische Physik in Berlin, erhält für seine Entdeckung aus dem Jahre 1900 den Nobelpreis für Physik. Seine Quantentheorie beschreibt die Wechselwirkung zwischen Atomen, Molekülen und den Elementarteilchen. Er entdeckte, daß die Energiedichte der Lichtstrahlung eines schwarzen Körpers nur richtig berechnet werden kann, wenn man davon ausgeht, daß alle Lichtenergie nur in ganzzahligen Vielfachen von h.v emittiert wird. v ist die Frequenz des Lichts, h eine universelle Konstante, das *Plancksche Wirkungsquantum.*

Chemie Fritz Haber, rechts im Bild, Professor für physikalische Chemie in Berlin, erhält den Nobelpreis für Chemie. Er legte die wissenschaftlichen Voraussetzungen für die Synthese von Ammoniak aus Stickstoff und Wasserstoff. Erst durch diese Synthese ist die industrielle Produktion von Kunstdünger usw. möglich (Haber-Bosch-Verfahren).

Physik und Astronomie

Physik Für die Summe von Absorptions- und Streukoeffizient der Röntgenstrahlen wird der Schwächungskoeffizient eingeführt. Man stellt fest, daß die Röntgenbremsstrahlung kaum vom Antikathodenmaterial abhängt.

Der Nobelpreisträger für Chemie Fritz Haber, der aus dem Stickstoff der Luft Ammoniak, Grundlage des Kunstdüngers, gewann.

Mit Hilfe einer qualitativen Analyse der Streuintensivität wird die Elektronenverteilung innerhalb individueller Atome untersucht und der *Atomformfaktor* in die Theorie der Röntgenanalyse eingeführt.
Die deutschen Physiker Otto Hahn und Lise Meitner entdecken das radioaktive Element Protactinium.
Zum ersten Mal werden Infrarotstrahlen fotografisch sichtbar gemacht.
Zum erstenmal werden Ultraschallsender und -empfänger mit Schwingquarzen gebaut.

Astronomie Die fotometrische Entfernungsmessung wird auf die Kugelsternhaufen angewendet, unter Ausnutzung der in diesen Haufen befindlichen kurzperiodigen Cepheiden, und festgestellt, daß sie ein etwas abgeplattetes System bilden, genauso wie unsere Milchstraße, deren Mittelpunkt nach diesen Messungen etwa 50000 Lichtjahre von der Erde entfernt ist.
Um die Äthervorstellung Philipp Lenards und seiner Schüler entbrennt ein neuer Streit in der *Deutschen Physikalischen Gesellschaft*, der Albert Einstein auf der Gegenseite engagiert findet.

Aus dem Labor der Chemiker

In Frankfurt/Main beginnt das auf Anregung von Paul Ehrlich gegründete *Institut für Kolloidalforschung* mit seiner Arbeit. Es soll als »neues Glied zwischen Chemie, Physik und experimenteller Biologie der Medizin neue Perspektiven eröffnen«.

Chinin und andere Chinabasen werden zum erstenmal partiell synthetisch hergestellt.
Chemiker beginnen mit der Untersuchung der Alkaloiden der Isochinolinreihe.
Es wird zum erstenmal nachgewiesen, daß die Hypothese von der Existenz spannungsfreier Ringsysteme mit 6 und mehr Gliedern richtig ist.
Das erste einheitliche Mutterkornalkaloid, das Ergotamin, wird isoliert.

Medizin – der Kampf gegen den Tod

Bei der Untersuchung von Gehirnen wird die Luftenzephalografie eingeführt; die mit Luft gefüllten künstlichen Hohlräume des Gehirns können nun durch Röntgenstrahlen untersucht werden.
Am Übergang des 3. Hirnventrikels in den Aquaeductus Sylvii wird ein Schlafsteuerungszentrum entdeckt.
Es wird ein Verfahren ausgearbeitet, das es ermöglicht, die Senkungsgeschwindigkeit der Erythrocyten (roten Blutkörperchen) für verschiedene Krankheiten diagnostisch auszuwerten.
Es wird ermittelt, daß Guanidin blutzuckersenkende Wirkung besitzt.
Das 1916 entdeckte, blutgerinnungshemmende Heparin wird in seinen Eigenschaften und Wirkungsweisen beschrieben.
Es wird festgestellt, daß unter den Alkaloiden der Chinarinde das Chinidin die stärkste Wirkung auf das Vorhof-Flimmern (Herzrhythmusstörung) ausübt.

Tierexperimente mit Keimdrüsen führen zu der Annahme, daß in jedem Organismus gewisse Substanzen entwickelt und an die Keimdrüsen gebunden werden, die für deren Entwicklung und Funktion notwendig sind.
Der Faktor in unseren Nahrungsmitteln, der den Skorbut heilt, wird Vitamin C (Ascorbinsäure) genannt.

Aus verschiedenen Wissensgebieten

Psychologie

Der Begriff *Appetenz* wird geprägt. Er bezeichnet ein triebähnliches Suchen nach einer ganz bestimmten Reizsituation, die eine Instinkthandlung auslöst. Der Begriff wird in Anklang an den Begriff *Appetit* gebildet, da er der Suche des Tiers nach Nahrung entspricht.
In London wird ein Institut zur physiologisch-psychologischen Erforschung der Industrie gegründet.

Genetik

Am Schmetterling Lymantria wird die Genetik geographischer Rassen, die große Verschiedenheiten aufweisen, untersucht. Dabei wird – entgegen den neodarwinistischen Theorien – festgestellt, daß geographische Veränderungen nur eine Mikrorevolution innerhalb einer Spezies verursachen.
V. Haecker prägt in seinem Buch *Entwicklungsgeschichtliche Eigenschaftsanalyse* den Begriff *Phänogenetik*. Diese Forschungsrichtung befaßt sich mit der Auswirkung der Erbanlagen auf die allmähliche Differenzierung von Gestalt, Organen usw.

Geographie Seit 1913 erforscht eine Expedition die wirtschaftliche Nutzbarkeit der arktischen Tundra in Kanada.

Archäologie Englische Archäologen beginnen mit der Ausgrabung der babylonischen Stadt Ur im Irak.

Wissenschaftliche Neuerscheinungen, Fachbücher

Aarne, *Vergleichende Rätselforschungen*
Alfred Adler,
Praxis und Theorie der Individualpsychologie
Karl Bühler,
Die geistige Entwicklung des Kindes
Konrad Burdach,
Reformation, Renaissance, Humanismus
Gustav Cassel,
Theoretische Sozialökonomie
Houston St. Chamberlain, *Rasse und Nation*
C. H. Cooley, *Sozialer Prozeß*
Georges Duhamel, *Zivilisation*
Salomo Friedländer,
Schöpferische Indifferenz
Romano Guardini, *Vom Geist der Liturgie*
Harald Höffding, *Humor als Lebensgefühl*
Ellen Key, *Die Frauen im Weltkrieg*
Max Lenz,
Geschichte der Universität zu Berlin, 4 Bde.
Joséphin Péladan,
Der Niedergang der lateinischen Rasse
Franz Mehring, *Karl Marx*
Wilhelm Ostwald, *Die Farbenlehre*
–, *Der Farbatlas*

Bertrand Russell, *Mystizismus und Logik*
M. Schlick, *Allgemeine Erkenntnislehre*
Georg Simmel,
Der Konflikt der modernen Kultur
O. Spann,
Fundament der Volkswirtschaftslehre
W. Stern, *Person und Sache,*
2. Bd.: *Die menschliche Persönlichkeit*
Ulrich Stutz,
Der Geist des Codex juris canonici

Nachrichten aus Technik und Industrie

Verbände und Vereine

Die Industrie propagiert die Idee der *Arbeitsgemeinschaft,* um eine Versöhnung mit den Gewerkschaften zu erzielen.

4. Dezember: Die *Arbeitsgemeinschaft der industriellen und gewerblichen Arbeitgeber und Arbeitnehmer Deutschlands* wird gegründet. Ihr Zweck ist die »gemeinsame Lösung aller die Industrie und das Gewerbe Deutschlands berührenden wirtschaftlichen und sozialen Fragen sowie aller sie betreffenden Gesetzgebungs- und Verwaltungsangelegenheiten«.

Der Reichsausschuß für wirtschaftliche Fertigung AWF wird gegründet. Er soll zwischen Praxis, Wissenschaft und Behörden vermitteln, um die Leistungsfähigkeit und Wirtschaftlichkeit der Fertigung in den Betrieben zu erhöhen.

Der *Zentralverband der Elektrotechnischen Industrie ZVEI* wird gegründet. Er soll die Interessen der deutschen Elektroindustrie vertreten und ihre wirtschaftliche und technische Entwicklung fördern.

5. November: In Berlin wird der Arbeitgeberverband der chemischen Industrie gegründet.

Der *Verein Deutscher Chemiker* beschließt die Gründung einer *Fachgruppe für chemisches Apparatewesen,* und zwar in 2 Ausschüssen. Der eine Ausschuß soll sich mit den wissenschaftlichen und Laborapparaten befassen, der andere mit den Großapparaturen.

21 Unternehmen des deutschen Bergbaues gründen die *Gesellschaft für Kohletechnik mbH,* um »wieder Anschluß an die großen Fortschritte der chemischen Wissenschaft zu gewinnen«. Ihre Aufgabe soll es sein, Methoden der Kohleveredelung zu erforschen und bis zur Betriebsreife zu entwickeln.

Das Spitzenorgan der deutschen Industrie- und Handelskammern, der 1861 gegründete *Deutsche Handelstag,* wird in *Deutscher Industrie- und Handelstag* umbenannt.

Neues aus der Industrie

Die *Farbenfabriken Bayer* stellen bis Kriegsende ca. 2500 t Methylkautschuk her. Es handelt sich dabei um die erste großtechnische Erzeugung von synthetischem Gummi.

In den *Farbenfabriken Bayer* wird das Müller-Kühne-Verfahren zur Herstellung von Schwefelsäure aus Gips angewendet.

Mit Hilfe der Energie, die aus der Braunkohle im Lausitzer Bergland gewonnen wird, wird die Aluminiumhütte Lautawerk in Betrieb genommen. Es handelt sich dabei um die 4. Aluminiumhütte, die seit 1915 auf den technischen Grundlagen der Firmen Griesheim Elektron und Metallbank errichtet wurden.

Die ersten 3 Hütten stehen in Rummelsburg, Horrem und Bitterfeld.
Prof. Karl v. Linde, der Erfinder der Luftverflüssigung, erhält den Orden Pour le mérite.

Der Luftverkehr

Zwischen Washington, Philadelphia und New York wird die erste regelmäßig fliegende Passagierlinie der Welt in Betrieb genommen.
Für die Nachkriegszeit werden die ersten Flugpassagierlinien in Deutschland angekündigt. Die Strecke Berlin–München soll in 4,5 Stunden, Berlin–Hamburg und Berlin–Hannover in je 2,5 Stunden, Berlin–Danzig in 3,75 Stunden und Berlin–Leipzig in 1,25 Stunden zurückgelegt werden.
Flugzeugkonstrukteur Hugo Junkers meldet ein Patent für ein Tiefdeckerflugzeug an.
Ludwig Prandtl vollendet seine 1916 begonnene Tragflächentheorie.

Neues aus Berlin

In Nauen bei Berlin arbeitet nun die größte Station für drahtlose Telegrafie in der Welt mit einer Reichweite von 10000 km. Das Hauptgebäude befindet sich noch im Bau.
Das Berliner Stromnetz wird zum erstenmal durch Fernstrom gespeist.

Neue Bücher, von denen man spricht

Belletristische Neuerscheinungen

Peter Altenberg, *Vita ipsa*
Artur Dinter, *Die Sünde wider das Blut*
Sven Fleuron, *Meister Lampe*
Anatol France, *Der kleine Peter*
Hans Grimm, *Der Ölsucher von Duala*
–, *Olewagen-Saga*

Gerhart Hauptmann, *Der Ketzer von Soana*
Sven Hedin, *Bagdad, Babylon, Ninive*
Kurt Heynicke, *Gottes Geigen*
W. Jansen, *Das Buch Liebe – Gudrun-Roman*
Georg Kaiser, *Die Koralle*
Erik A. Karlfeldt, *Flora und Bellona*
Hermann Kasack, *Der Mensch*
Alfred Kerr, *Die Welt im Drama,* 5 Bde.
Selma Lagerlöf, *Das heilige Leben*
Heinrich Mann, *Der Untertan*
–, *Der Weg zur Macht*
Thomas Mann,
Betrachtungen eines Unpolitischen
Christian Morgenstern,
Stufen – Aphorismen und Tagebuchnotizen,
posthum
Josef Ponten, *Der babylonische Turm*
Wladislaw Reymont, *Das Jahr 1794*
Albrecht Schaeffer, *Gudula*
Arthur Schnitzler, *Casanovas Heimkehr*
Ina Seidel, *Weltinnigkeit*
Upton Sinclair, *Religion und Profit*
Hermann Stehr, *Der Heiligenhof*
Eduard Stucken, *Die weißen Götter*
Miguel de Unamuno, *Essais,* 7 Bde.
Anton Wildgans, *Dies irae*
Stefan Zeromski, *Der Kampf mit dem Satan*
Stefan Zweig, *Jeremias*

Im Spiegel der Lyrik

Zuckmayer In einem Gedicht von Carl Zuckmayer finden sich die Zeilen:

»Doch welcher Abstand deutet nicht auf [Tag
und welche Tode nicht auf Auferstehen?«

Tucholsky Kurt Tucholsky schreibt ein Weihnachtsgedicht, das er mit den folgenden Zeilen beginnt:

»So steh ich nun vor deutschen Trümmern
und sing mir still mein Weihnachtslied.«

Dehmel Und Richard Dehmel, der sich 1914 im Alter von 51 Jahren kriegsfreiwillig gemeldet hat, dichtet:

»Als du geboren wurdest, Kind,
mußte dein Vater morden helfen.
Die Menschheit war besessen vom Welt- [kriegswahn.
...
...war's wohlgetan,
dich in die Welt zu setzen, Kind,
in diese Welt?«

George Ende des Jahres schreibt der Dichter Stefan George:

»O Land, zu schön, als daß dich fremder tritt [verheere...
Land, dem viel verheißung noch innewohnt –
das drum nicht untergeht.«

Patriotismus Zum Untergang des Kreuzers *Breslau,* der zur Unterstützung der türkischen Verbände eingesetzt ist:

»Wir lebten jede Tat, die uns ward kund,
durchzogen kühn den blauen Bosporus,
wir hörten jeden Schuß vor Trapezunt
und bei Sebastopol laut jeden Schuß.

Und als es sank, als es zur Tiefe trieb
wie Helden starben, spürten wir's an Land
voll Trauer stumm: Uns ward dies Schiff so
[lieb,
als ob wir selbst an Bug und Bord gebannt.«

Deutschland-Lied

Noch keine Nationalhymne, wird das populäre Lied parodiert. Hier eine hessische Version:

Deutschland, Deutschland,
schwer in Dalles,
schwer in Dalles in der Welt,
wenn die Marmelad nit alles
brüderlich zusammenhält.
Eier, Butter, Wurst un Schinke
sin nur für die Reiche da,
nur mir arme, arme Schlucker
gucke zu un kreische: hurra!

E-Musik

Ferruccio Busoni,
Turandot, eine chinesische Fabel,
–, *Arlecchino oder die Fenster, theatralisches Capriccio,* beide in Zürich
Alfredo Casella,
Pupazetti, 5 Stücke für Puppen
Darius Milhaud,
L'Homme et son Désir, Ballett
Francis Poulenc,
Mouvements Perpetuels

Hans Pfitzner,
Violinsonate in e-moll
Sergej Prokofieff,
Sinfonie classique, op. 25
Eric Satie,
Sonate für 4 Soprane und kleines Orchester
Franz Schreker,
Die Gezeichneten, in Frankfurt
Igor Strawinski,
Die Geschichte vom Soldaten, in Lausanne
Siegfried Wagner,
Schwarzschwanenreich
–, *Sonnenflammen*

Ein Berliner Gastspiel der Wiener Philharmoniker unter Felix v. Weingartner wird ein unbeschreiblicher Erfolg.

Premierenfieber

Giedion,
Arbeit, in Leipzig
Georg Kaiser,
Der Brand im Opernhaus, in Berlin
Georg Kaiser,
Gas, in Frankfurt/Main
Wladimir Majakowski,
Mysterium buffo, in Moskau
Walter v. Molo,
Der Hauch im All, in Berlin
Piermaria Rosso di San Secondo,
Marionette, che passione!, in Rom
Fritz v. Unruh,
Ein Geschlecht, in Frankfurt/Main
Ernst v. Wildenbruch,
Ermanarich, in Dresden, posthum

Ein Blick hinter die Kulissen

Personalien Die Schauspielerin Hermine Körner verläßt das Deutsche Theater in Berlin und übernimmt die Direktion des Münchner Schauspielhauses.

Der Schriftsteller Hermann Bahr wird in die Leitung des Wiener Hofburgtheaters berufen.

Der bekannte Schriftsteller Hanns Heinz Ewers, der in New York vom Kriegsausbruch überrascht wurde, tritt dort jetzt als Schauspieler auf, als Ullrich v. Hutten in Strindbergs Stück *Nachtigall von Wittenberg*.

Theater-Revolution 7. November: Uraufführung, *Mysterium buffo* von Wladimir Majakowski am Theater für das Musikdrama in Petrograd (Leningrad) unter der Regie von Wsewolod Meyerhold und in der Ausstattung von Kasimir Malewitsch.

Zensur In Deutschland wird die Theaterzensur aufgehoben, sie bleibt jedoch für den Film bestehen.

Kunstwerke aus diesem Jahr

Max Beckmann, *Die Nacht*
Lovis Corinth, *Korb mit Blumen*
Ludwig Dettmann, *Artilleriesalve*
Fritz Erler, *Der Kompanieführer*
Juan Gris, *Die Schottin*
George Grosz, *Dar kleine Mörder*
L. v. Kalckreuth, *Fregattenkapitän Strasser*

Paul Klee, *Gartenplan*
–, *Dogmatische Komposition*
Oskar Kokoschka, *Freunde*
–, *Sächsische Landschaft*
–, *Die Heiden*
Wilhelm Lehmbruck, *Sitzender Jüngling*
–, *Der Denker*
–, *Betende*
Fernand Léger, *Maschinenräume*
Max Liebermann, *Richard Strauss*
Max Liebermann malt in diesem Jahr seine berühmten Gartenbilder am Wannsee und das Porträt von Richard Strauss, das heute in der National-Galerie in Ostberlin ausgestellt ist.
Hans Looschen, *Der Urlauber*
Amadeo Modigliani, *Akt*
Edvard Munch, *Badender Mann*
Paul Nash, *Wir bauen eine neue Welt*
Karl Schmidt-Rottluff, *Christus*-Mappe, 9 Holzschnitte
Otto Seeck, *Reichstagseröffnung am 4. August 1914.*

Aktuelle Grafik

Es erscheinen folgende Grafiken, die sich direkt mit dem Zeitgeschehen auseinandersetzen:
Die Geburt des neuen Menschen, 6 Radierungen von Heinrich Vogeler,
Selbstbildnis vor der Staffelei, eine Radierung von Lovis Corinth, die bezeichnet ist »Revolution 10. November«,
Truppeneinzug auf dem Pariser Platz, eine Kreidezeichnung von Max Liebermann,
Gefangener, ein Holzschnitt von Christian Rohlfs.

Im Spiegel der Kunst

Schatten der Politik

In Berlin wird die *November-Gruppe* gegründet, der u. a. Lyonel Feininger, Otto Dix, George Grosz und Max Pechstein angehören. Auch der Expressionist Ludwig Meidner und der Bildhauer Ewald Mataré werden Mitglieder der Künstlervereinigung *Novembergruppe.*

Der Expressionist Karl Schmidt-Rottluff wird im *Arbeitsrat für Kunst* tätig.

Neue sowjetische Kunst

Marc Chagall wird zum Kommissar für die Bildenden Künste in der Region Witebsk ernannt.

Der russische abstrakte Maler Wassily Kandinsky wird Mitglied der Abteilung Kunst im Kommissariat für Volksaufklärung und übernimmt eine Professur an den Staatlichen Kunstwerkstätten in Moskau.

Die Zeitschrift *Proletarische Kultur* wird gegründet und die erste sowjetische Proletkultkonferenz einberufen.

Iwan Puni gibt die Zeitschrift *Die Kunst der Kommune* heraus, die der Avantgarde offensteht.

Zum Jahrestag der Oktoberrevolution dekorieren die Futuristen die Moskauer und Petrograder (Leningrader) Straßen und Fassaden.

In Moskau wird das Künstlercafé *Pittoresque* eröffnet, die Maler Jakulow, Rodschenko, Tatlin u. a. haben es dekoriert.

In der Sowjetunion werden 36 Museen gegründet, die die Werke der modernen Künstler aufnehmen sollen.

Zurück nach Kassel Der Friede von Brest-Litowsk beschert der Kasseler Gemäldegalerie einen reichen Segen. Kaiser Napoleon I. hatte ihr 40 berühmte Gemälde *entnommen* und seiner Frau, der Kaiserin Josephine, geschenkt. Als er verbannt wurde, kaufte 1814 Zar Alexander I. diese Gemälde für 940000 Francs auf und schaffte sie nach Petersburg in die *Eremitage*. Jetzt werden die Bilder zurückgegeben. Darunter befinden sich die *Kreuzabnahme* von Rembrandt, *Ein Glas Limonade* von Gerard Ter Borch, eine *Madonna* von Correggio, ein Bild von Sarto, 4 Bilder von Lorrain, ein Bild von Paulus Potter und einige weitere Bilder holländischer Kleinmeister.

Kriegsfolgen 20. März: Der Schweizer Maler Paul Klee, der 1916 als Landsturmmann zur deutschen Wehrmacht eingezogen wurde, wird zum Gefreiten befördert.

George Grosz kommt wegen Widerstands vor ein Militärgericht, nur die Intervention des Grafen Harry Kessler bewahrt ihn vor der Todesstrafe.

Die Beschießung von Paris durch deutsche Ferngeschütze führt u. a. dazu, daß in Paris der *Louvre* geräumt wird, um die Kunstwerke vor der eventuellen Zerstörung zu retten.

Max Ernst über sich selbst: »M. E. starb am 1. August 1914. Er erlebte seine Wiederauferstehung am 11. 11. 1918, als ein junger Mann, der hoffte, die Mythen seiner Zeit zu finden.«

Das Neueste ist Dada April: In Berlin wird der *Club Dada* gegründet, das Manifest wird von Tristan Tzara,

George Grosz, Richard Huelsenbeck, Raoul Hausmann, Walter Mehring u. a. unterzeichnet. Zu den Gründungsmitgliedern gehört auch John Heartfield.
Der Dadaist Raoul Hausmann erfindet die Fotomontage. Es entstehen die ersten Fotomontagen und Dada-Puppen von Hannah Höch in Berlin, die mit Raoul Hausmann zusammenarbeitet.
George Grosz läßt sich nach der Entlassung aus dem Kriegsdienst in Berlin nieder und wird Mitbegründer des Berliner Dada-Kreises. Hans Goltz wird sein Kunsthändler.
George Grosz über Dada:
»Hülsenbeck brachte dada nach Berlin, wo die Sache sofort politische Züge annahm...«

Kunst und Nichtkunst

Kurt Schwitters malt sein erstes abstraktes Bild. Kurt Schwitters über seine MERZ-Schöpfung:
»...daß alle Werte nur durch Beziehungen zueinander bestehen und daß alle Beschränkung auf ein Material einseitig und kleinlich sei. Aus dieser Erkenntnis formte ich MERZ, zunächst als Summe einzelner Kunstgattungen, MERZmalerei, MERZdichtung... Mein letztes Streben ist die Vereinigung von Kunst und Nichtkunst zum MERZ-Gesamtweltbilde. Zitate in der Dichtung, Kitschbilder als Teile von Gemälden, Aufnahme bewußt kitschiger und bewußt schlechter Teile in das Kunstwerk usw.«
André Breton, Paul Eluard, Jean Paulhan, Louis Aragon u. a. erhalten in Paris Dada-Publikationen aus Zürich und wenden sich sofort dem Dada zu.

De Stijl Die Mitglieder der holländischen *Stijl*-Gruppe geben ihr erstes Manifest heraus. Zu den Unterzeichnern gehören u. a. Theo van Doesburg, Piet Mondrian und Georges Vantongerloo. Mondrian malt Bilder, auf denen Rechtecke zu sehen sind, die von schwarzen Linien begrenzt werden.

Munch Der norwegische Expressionist Edvard Munch arbeitet weiterhin an seinen Wandmalereien in der Aula der Universität Oslo und am *Lebensfries.*

Hölzel Bei Kriegsende wird zum erstenmal eine große Ausstellung des deutschen abstrakten Malers Adolf Hölzel gezeigt, in der Kestner-Gesellschaft in Hannover. Die Ausstellung wird von dem Inhaber der Pelikan-Werke angekauft.

Meidner Der Expressionist Ludwig Meidner wird zum erstenmal von Paul Cassirer in einer Einzelausstellung vorgestellt.

Klee Herwarth Walden in Berlin gibt das *Sturm Bilderbuch Nr. 3* mit 15 Zeichnungen von Paul Klee heraus.

Picasso Pablo Picasso malt sowohl klassische Harlekine als auch synthetisch-kubistische.

Personalien – Kirchner Der deutsche Expressionist Ernst Ludwig Kirchner, der als Kriegsfolge unter zeitweisen Lähmungserscheinungen, insbesondere der Hände, leidet, wird als geheilt aus dem Sanatorium entlassen und zieht auf eine Alp.

Klee Paul Klee kehrt nach dem Waffenstillstand zu seiner Familie nach München zurück.
Theodor Däubler schreibt in der Zeitschrift *Das Kunstblatt* über Paul Klee.

Corinth In der Berliner Secession findet für Lovis Corinth aus Anlaß seines 60. Geburtstags eine große Ausstellung statt. Die Secession gibt ihm auch ein großes Bankett, er wird zum Professor ernannt. Corinth lernt zum erstenmal den Walchensee in Oberbayern kennen und beschließt, sich dort niederzulassen.

Rjepin In seinem Häuschen an der russisch-finnischen Grenze siecht der Maler Ilja Rjepin, der Hauptvertreter der naturalistischen Schule in Rußland und sein prominentester Maler, dahin. Er schreibt:
»Ich sterbe vor Hunger. Die Füße tragen mich nicht mehr. Ich bin entsetzlich abgemagert und kann vor Kraftlosigkeit das Bett nicht mehr verlassen. Ich erwarte jeden Augenblick das Ende.«

Dali Der 14jährige Spanier Salvador Dali klebt Kieselsteine auf die Leinwand, die er anschließend bemalt. Außerdem hat er den Kubismus und Kant für sich entdeckt. Seine Bilder werden auf einer Ausstellung so gut beurteilt, daß sein Vater beschließt, ihn auf die Akademie der Schönen Künste nach Madrid zu schicken.

Klinger Die Stadt Leipzig kauft für ihr Kunstmuseum die *Kreuzigung* des Leipzigers Max Klinger, der im Vorjahr 60 Jahre alt wurde.

Picasso 12. Juli: Pablo Picasso heiratet die russische Tänzerin Olga Koklova. Trauzeugen sind die Dichter Apollinaire, Jean Cocteau und Max Jacob. Neben Porträtzeichnungen á la Ingres setzt er sein kubistisches Werk fort. Paul Rosenberg wird sein Kunsthändler.
Pablo Picasso lernt nach einer Vorstellung von Strawinskis *Renard* die Schriftsteller James Joyce und Marcel Proust kennen.
Zum erstenmal begegnen sich die beiden französischen Surrealisten André Breton und Paul Eluard.

Bildhauerei Der Bildhauer Gerhard Marcks wird Lehrer an der Kunstgewerbeschule in Berlin.
Die französischen Bildhauer Jaques Lipchitz und Henri Laurens schaffen polychrome Reliefs.
Der französische Bildhauer Aristide Maillol beginnt mit der Arbeit an der großen Statue *Venus mit Kette.*

Architektur In Frankreich proklamieren der Architekt Le Corbusier und der Maler Amédée Ozenfant in ihrem Manifest *Après le cubisme* den Purismus.

Gropius Walter Gropius wird zum Direktor der großherzogl.-sächsischen Kunstgewerbeschule und der großherzogl.-sächsischen Hochschule für Bildende Kunst in Weimar ernannt.

Holland Jacobus Oud wird Stadtbaumeister von Rotterdam.
Der holländische Architekt Gerrit Rietveld entwirft einen rotblauen Stuhl.

Nicht nur Wohnungen sind außerordentlich knapp. Auch Möbel sind kaum zu bekommen. Unter diesen Umständen macht eine holländische Anregung Schule: Der Einbauschrank setzt sich durch.

Nur Glas

Pold errichtet in San Francisco Hallidie Building, eines der ersten Gebäude, die vollkommen verglast sind und wo die Wände keine Last tragen.

Gute Wohnung

Weihnachten: Der deutsche Architekt Bruno Taut veröffentlicht mit Zustimmung des *Arbeiterrats für Kunst* in Berlin sein *Architektur-Programm* als Flugblatt. Die Devise lautet: »Die Erde eine gute Wohnung!«

Luxussteuer

Der Verkauf von Kunstwerken wird mit einer Luxussteuer belegt. Der Staat sucht neue Einnahmequellen, außerdem will er der wilden Kunstspekulation während des Krieges vorbeugen. So hat z. B. ein kleines Bildnis von Frans Hals den Sammler Gumprecht 4000 Mark gekostet, jetzt bringt es ihm 310000 Mark ein. *Die Raucher* von Adrian Brouwer hat er 1885 für 50 Mark erworben, jetzt erhält er dafür 26000 Mark. Für eine 12 cm hohe Wiener Porzellanzwergin hat er 25 Mark bezahlt, jetzt erhält er dafür 10000 Mark.

Erste Erlebnisse im Kino

Neue Filme Charlie Chaplin, *Ein Hundeleben,* USA
–, *Charlie als Soldat,* USA
Germaine Dulac,
Ames de fous, Frankreich
Abel Gance,
Die 10. Symphonie, Frankreich
Ernst Lubitsch,
Die Mumie Ma, Deutschland, mit Pola Negri, Emil Jannings und Harry Liedtke
–, *Carmen,* Deutschland, mit Pola Negri und Harry Liedtke
Joe May, *Veritas vincit,* Deutschland
Erich v. Stroheim, *Blinde Ehemänner,* USA

Die UFA Die Ufa richtet eine besondere Abteilung für Kultur- und Lehrfilme ein.

Der Tonfilm Die deutschen Cinematographen Joseph B. Engl, Joseph Massole und H. Vogt entwickeln auf der Grundlage der Triergon-Methode den Tonfilm, der Bild und Ton zugleich aufnehmen kann.

Aus der Welt der Religionen

In Preußen wird die geistliche Aufsicht über die Schulen abgeschafft.
Rudolf Eucken gründet die Luther-Gesellschaft.
Der Fundamentalismus in den USA, eine streng gläubige protestantische Richtung, bekämpft die naturwissenschaftliche Erklärung

der Herkunft des Menschen im Schulunterricht.
Durch den Codex juris canonici wird das Kirchenrecht erneuert.
In Berlin wird die Akademie für die Wissenschaft des Judentums gegründet.

Etwas vom Sport

Das große gesellschaftliche Ereignis im 4. Berliner Kriegssommer ist das Derby im Grunewald. Die große Sensation: Der Sieger des Vorjahres, das Wunderpferd *Pergolese* unter O. Schmidt aus dem Stall Weinberg, wird von *Skarabae* aus dem Stall Oppenheim geschlagen.
Im Kampf um den Kronprinzenpokal in Berlin besiegt die Fußballauswahlmannschaft von Berlin die Vertretung Norddeutschlands mit 3:1 Toren.

Die Geburtstage des Jahres

6. Januar: Der deutsche Komponist Max Bruch begeht seinen 80. Geburtstag. Sein Violinkonzert befindet sich im Repertoire eines jeden Geigenvirtuosen.
13. Januar: Prof. Franz v. Soxleth begeht seinen 70. Geburtstag. Er ist der Erforscher der Milch (Fettgehalt, Sterilisierung usw.).
13. Februar: Generalfeldmarschall Hermann v. Eichhorn begeht seinen 70. Geburtstag.
25. Februar: König Wilhelm II. von Württemberg begeht seinen 70. Geburtstag.

Planck

23. April: Der deutsche Physiker Max Planck wird 60 Jahre alt. Die Festansprache vor der Physikalischen Gesellschaft in Berlin hält Albert Einstein. Er sagt u. a.:
»Keiner, der sich in den Gegenstand wirklich vertieft hat, wird leugnen, daß die Welt der Wahrnehmungen das theoretische System praktisch eindeutig bestimmt, trotzdem kein logischer Weg von den Wahrnehmungen zu den Grundsätzen der Theorie führt. Dies ist es, was Leibniz so glücklich als *prästabilierte Harmonie* bezeichnete. Diesen Umstand nicht genügend zu würdigen, wird von den Physikern manchen Erkenntnistheoretikern zum schweren Vorwurf gemacht... Die Sehnsucht nach dem Schauen jener prästabilierten Harmonie ist die Quelle der unerschöpflichen Ausdauer und Geduld, mit der wir Planck den allgemeinsten Problemen unserer Wissenschaft sich hingeben sehen, ohne sich durch dankbarere und leichter erreichbare Ziele ablenken zu lassen.
Ich habe oft gehört, daß Fachgenossen dieses Verhalten auf außergewöhnliche Willenskraft und Disziplin zurückführen wollen, wie ich glaube, ganz zu Unrecht. Der Gefühlszustand, der zu solchen Leistungen befähigt, ist dem des Religiösen oder Verliebten ähnlich; das tägliche Streben entspringt keinem Vorsatz oder Programm, sondern einem unmittelbaren Bedürfnis.«

Rechte Seite: Der Nobelpreisträger für Physik Max Planck, der die Quantentheorie, eine der Grundlagen der modernen Physik, aufstellte. Foto 1936.

21. Juli: Der Maler Lovis Corinth, Präsident der Berliner Sezession, wird 60 Jahre alt.
31. August: Reichskanzler Graf Georg v. Hertling begeht seinen 75. Geburtstag.

Die Jubiläen des Jahres

20. Februar: Das bayerische Königspaar begeht den Tag der Goldenen Hochzeit.
8. April: Vor 100 Jahren wurde August W. v. Hofmann geboren, der Begründer der deutschen Anilinfarbenindustrie und der erste Präsident der *Deutschen Chemischen Gesellschaft.*
5. Mai: Vor 100 Jahren wurde in Trier Karl Marx geboren.
15. Juni: Kaiser Wilhelm II. begeht im Großen Hauptquartier sein 30jähriges Regierungsjubiläum.
24. August: Die Firma E. Merck in Darmstadt begeht ihr 250jähriges Jubiläum. Am 26. August 1668 wurde dem Apotheker Friedrich Jacob Merck vom Landgrafen Ludwig VI. von Hessen die Bewilligungsurkunde für den Betrieb der Engel-Apotheke, die Merck schon 1654 erworben hatte, überreicht. Die Firma befindet sich immer noch im Besitz der Familie Merck.

Die Toten des Jahres

6. Januar: Georg Cantor, deutscher Mathematiker, Begründer der Mengenlehre.
10. Januar: Jordan v. Kröcher, der von 1898 bis 1912 Präsident des Preußischen Abgeordnetenhauses war.
27. Januar: Joséphin Péladan, französischer Schriftsteller, Übersetzer Richard Wagners, Vertreter einer religiös-okkultistischen Richtung.
6. Februar: Gustav Klimt, österreichischer Maler des Wiener Jugendstils. Seine Hauptwerke, z. B. *Der Kuß,* befinden sich in der Österreichischen Galerie im Belvedere in Wien.
23. Februar: Sophie Menter, berühmte Pianistin, die noch bei Hans v. Bülow und Franz Liszt gelernt hat.
9. März: Frank Wedekind, deutscher Schriftsteller und Dramatiker. Seine Stücke wie z. B. *Frühlings Erwachen* lösten bei ihren Uraufführungen Skandale aus, da sie sexuelle Probleme der bürgerlichen Gesellschaft offen zur Sprache brachten.

Richthofen

21. März: Manfred v. Richthofen, der erfolgreichste und berühmteste deutsche Jagdflieger in diesem Krieg. Er seinerseits schoß 80 Gegner ab. Richard Dehmel dichtet aus diesem Anlaß:

»Über Freund und Feind hinaus
Bist Du oft durch den Himmel gezogen;
Nun bist Du durch einen Triumphbogen,
Richthofen, über Dich selbst hinaus
In Gottes Schoß geflogen.«

25. März: Claude Debussy, französischer Komponist des Impressionismus, seine Opern, Orchesterwerke und Klavierstücke gehören zum Repertoire, sein Einfluß auf die moderne Musik ist bedeutend.

29. März: Timm Kröger, niederdeutscher Erzähler und Novellist.

4. April: Prof. Hermann Cohen, Philosophieprofessor, Begründer der Marburger Schule des Neukantianismus.

4. April: Hanns v. Zobeltitz, populärer Romanschriftsteller.

11. April: Otto Wagner, führender österreichischer Architekt des Jugendstils, der das Gesicht Wiens entscheidend mitgeformt hat. Zu seinen Schülern zählen Josef Hoffmann und Josef M. Olbrich.

20. April: In New York stirbt in der Internierung Karl Ferdinand Braun, der 1909 zusammen mit Marconi den Nobelpreis für Physik erhielt. Er konstruierte das Braunsche Elektrometer, außerdem 1897 die Braunsche Röhre und führte schließlich den gekoppelten Sender mit geschlossenem Schwingungskreis in die Funktechnik ein.

21. April: Herzog Friedrich II. von Anhalt. Die Nachfolge des Regenten tritt dessen ältester Bruder, Herzog Eduard von Anhalt, an.

29. April: Arnold v. Siemens, ältester Sohn Werner v. Siemens' und Aufsichtsratsvorsitzender der Siemens & Halske AG.

5. Mai: Georges Ohnet, französischer Romanschriftsteller, besonders bekannt wurde sein Roman *Hüttenbesitzer*.

20. Mai: Ferdinand Hodler, bedeutender Schweizer Maler; seine monumentalen Bilder

Rechte Seite: Manfred Freiherr v. Richthofen, der berühmteste deutsche Jagdflieger, fällt bei einem Luftkampf am 21. März, nachdem er selbst 80 feindliche Flugzeuge abgeschossen hat.

stellen gerne symbolische (Lebensalter, Tageszeiten) oder historische Themen dar. Seine berühmtesten Bilder hängen in Bern, Genf und Zürich.
25. Mai: Johannes Kaempf, Präsident des Deutschen Reichstages.
10. Juni: Richard Voß, Romanschriftsteller.
26. Juni: Peter Rosegger, berühmter und erfolgreicher österreichischer Volksschriftsteller *(Als ich noch der Waldbauernbub war).*
2. Juli: Sultan Mehmed V., weltlicher Herrscher über das Osmanische Reich. Sein Nachfolger wird sein jüngster Bruder als Sultan Mehmed VI.
30. Juli: Generalfeldmarschall Hermann v. Eichhorn fällt in Kiew einem Bombenattentat zum Opfer.
29. August: Max Dauthendey, deutscher Schriftsteller, der sehr gut Atmosphäre und Exotik vermitteln konnte. Sein berühmtester Roman ist *Die 8 Gesichter am Biwasee.*
10. September: Carl Peters, deutscher Afrika-Forscher und Kolonialpolitiker.
13. September: Herzog Eduard von Anhalt.
7. Oktober: Raymond Duchamp-Villon, französischer Bildhauer, Bruder von Marcel Duchamp, versuchte, kubistische Prinzipien in die Plastik zu übertragen. Sein berühmtestes Werk ist *Das Pferd* im Museum of Modern Art in New York, vorzüglich sind auch seine Porträtbüsten.
2. November: In Braunschweig erschießt sich am Fuß der Bismarck-Säule der 82jährige General v. Ahlborn, weil er die Schmach, die dem Deutschen Reich angetan wird, nicht ertragen will.

9. November: Der französische Dichter Guillaume Apollinaire stirbt an der Grippe.
9. November: Albert Ballin, Generaldirektor der Hamburg-Amerika-Linie.
14. Dezember: Sidonio Paes, Präsident von Portugal, fällt einem Mordanschlag zum Opfer.

Register

Kursive Ziffern weisen auf Abbildungen hin.